최초의 족보 『해주오씨족도(族圖)』

– 우리나라에서 현존하는 가장 오래된 최초 족보(族譜) –

오 영 택 편저

(해주오씨대종회 · 한국오씨종친총회 회장)

1401년 『해주오씨족도(族圖)』

도서출판 조 은

머리말

우리 민족은 오래전부터 조상을 숭배하고 가문의 계통과 관계를 기록한 족보를 중시하는 전통을 이어 왔다.

그 출발점이 조상으로부터 계통과 관계를 기록하는 족보(族譜)로 족보는 가계의 기록을 넘어 한 집안의 역사이자, 혈연공동체의 연속성을 상징하는 귀중한 문화유산이다. "피는 물보다 진하다"는 말처럼 우리의 선조들은 족보를 집안의 보물로 여기며 대대로 전해 왔다.

그 결과 우리나라는 세계에서 부러워할 정도로 잘 발달한 족보로 정평이 나 있고, 계보학(系譜學)의 종주국으로 평가된다. 서양에도 족보학회나 족보박물관이 있어 가계에 대한 관심이 많지만, 우리나라처럼 가문(家門)마다 문헌으로 만들어 오랫동안 기록해 온 나라는 없는 것 같다.

따라서 이를 계승 발전함은 물론 세계 기록 문화유산으로 등재 발전시킬 필요성이 대두된다. 이에 따라 가문별로 관리되어 오던 족보를 국가 차원에서 종합정리하여 체계적인 보존관리는 물론 자랑스러운 세계 기록 문화유산으로 승화시켜야 하겠다.

그 출발점이 바로 오래된 실물 족보를 파악하는 것인데 우리나라에서 가장 오래된 족보는 조선 태종 원년 1401년에 해주오씨 8세 사인(舍人) 오선경(吳先敬)이 제작한 『해주오씨족도(海州吳氏族圖)』다.

우리나라 최초의 족보 해주오씨족도는 한 장의 장지(壯紙)에 1세 시조 오인유(吳仁裕)에서 9세 오인정(吳仁庭)까지의 계보가 손으로 그려져 있다.

이 족도에는 해주오씨만이 아니라 장흥임씨(長興任氏), 경주김씨(慶州金氏), 수원최씨(水原崔氏), 여흥민씨(驪興閔氏), 행주기씨(幸州奇氏) 등 혼인 관계로 맺어진 가문들도 함께 표시되어 있어 당시의 사회상을 엿볼 수 있다.

후손들은 이 족도를 바탕으로 1600년대에 이르러 종합적인 족보를 간행하였고, 1980년대 이후에는 학계에서 여러 편의 논문을 통해 이를 연구하며 『해주오씨족도(族圖)』가 한국 족보문화의 효시임을 입증하였다.

족보는 혈족의 기록이며 혈연의 역사로 우리 조상들은 목숨을 바쳐가며 족보를 지키고 편찬해 온 얼과 전통이 숨 쉬는 기록문화이다.

하지만 현대 사회의 급격한 변화와 서구화 속에서 족보의 가치는 잊히고 있다. 본 책자에서는 해주오씨족도의 역사적 의미와 가치를 다시 살펴보고, 우리에게 남겨진 뿌리의 중요성을 되새기고자 한다.

책은 총 아홉 개의 장으로 구성되어 있다.

먼저 해주오씨족도의 개요를 소개한 뒤, 족보의 기본과 연원을 설명하였다.

이어서 해주오씨족도의 구체적인 체제와 내용, 1987년 MBC 보도를 통해 세상에 처음 공개된 경위, 족도의 발간 동기와 과정의 족도발(族圖跋) 이후 200년 후 밝혀진 쇄미록(瑣尾錄)의 족도기(族圖記) 그리고 학계에서 발표된 대표적인 연구 족도 관련 논문들을 차례대로 살펴보았다.

이 책은 단순히 한 가문의 역사를 기록한 자료를 넘어 우리나라 족보문화의 시작점을 알리는 증거다. 역사적 가치와 함께 국보급 문화재로 평가되는 해주오씨족도를 널리 알리고, 한국 족보를 세계기록유산으로 등재하려는 노력의 밑거름이 되기를 바란다.

아울러 본서를 통해 많은 이들이 본인의 뿌리와 전통을 재조명하고, 선조들의 지혜와 덕을 배우는 계기가 되기를 기대한다.

끝으로 무보수로 수고 봉사해 주시는 '해주오씨대종회' 임원 여러분과 족보편찬위원회 위원 여러분께 깊이 감사드리며 책이 나오는데 정성을 다해 수고해 주신 도서출판 조은 김화인 사장님과 임직원께 고마움을 표합니다.

2025년 10월
4358주년 개천절에 즈음하여
편저자 드림

목 차

머리말 ◆ 5

■ 제1부 최초 족보 『해주오씨족도(族圖)』

1. 해주오씨족도 개요 ◆ 10
2. 족보의 기본과 연원 ◆ 14
3. 해주오씨족도(族圖) ◆ 23
4. 해주오씨족도 최초 언론 공개 ◆ 39
5. 해주오씨족도 족도발(族圖跋) ◆ 47
6. 해주오씨족도 족도기(族圖記) ◆ 54
7. 해주오씨족도 관련 논문 ◆ 75
8. 논문(1) 해주오씨족도고 ◆ 79
9. 논문(2) 선대(先代) 파악 방식의 족보 반영 ◆ 96

■ 참고문헌 자료 출처 ◆ 151

■ 부록 – 해주오씨족도 관련 논문

논문 1 원문 – 해주오씨족도고(Genealogical Table of the Haeju O Clan) ◆ 158

논문 2 원문 – 조선시기 선대(先代) 파악 방식의 족보 반영 양상
 – 해주 오씨 족도(族圖)를 중심으로 – ◆ 184

8 최초의 족보 해주오씨족도(族圖)

제1부

최초 족보 『해주오씨족도(族圖)』

1
해주오씨족도 개요

우리나라에서 현존하는 가장 오래된 최초의 족보는 조선 초 1401년(태종 1), 해주오씨 8세 사인(舍人) 오선경(吳先敬)이 작성한 『해주오씨족도(海州吳氏族圖)』이다.

그 뒤를 잇는 족보는 『해주오씨족도』보다 22년 뒤인 1423년(세종 5)에 간행된 문화류씨(文化柳氏) 『영락보(榮樂譜)』이며, 다시 75년 후인 1476년(성종 7)에 간행된 안동권씨(安東權氏) 『성화보(成化譜)』로 이어진다.

『해주오씨족도』는 고려 말·조선 초 해주오씨 가계(家系)를 후대 자손들에게 알리고자 한 7세 전서(典書) 오광정(吳光廷)의 유업(遺業)을 계승하여, 그의 아들 오선경이 1401년에 완성하였다.

이 족도에는 해주오씨 가계뿐 아니라, 혼인으로 관계를 맺은 집안들의 계보까지 상세히 기록되어 있다. 이후 해주오씨 가문에서는 이 족도가 시조로부터 이어지는 족보 편찬의 기본이 되었다.

『해주오씨족도』의 의의는, 본격적인 족보가 나타나기 이전 한 가문의 계보 기록 방식과 형식을 보여주는 귀중한 자료라는 데 있다. 이는 고려 말의 가계 기록물의 성격과 특징을 이해하는 데에도 매우 중요한 사료적 가치를 지닌다.

특히 당시 다른 가문들에도 유사한 족도가 있었을 것으로 추정되지만, 현존하는 자료 가운데 가장 오래되고 최초의 족보인 『해주오씨족도』는 한 가문의 정체성을 입증할 뿐 아니라, 국보급 역사 자료로 평가된다.

우리나라는 조상을 숭상하고 가계를 기록한 족보 문화를 발전시켜 왔다는 점에서 세계적으로도 높은 평가를 받아왔으며, 계보학(系譜學)의 종주국으로 일컬어진다.

따라서 우리나라에서 가장 오래된 족보인 『해주오씨족도』의 발간 경위와 보존·관리, 그리고 후대에 알려지기까지의 과정을 살펴보는 일은, 한국 고유의 족보 문화의 뿌리를 이해하고 이를 계승·발전시키는 데 중요한 의미를 지닌다.

해주오씨족도(海州吳氏族圖) 개요

- 편저자 ; 오선경(吳先敬) 해주오씨 8세 사인(舍人)
- 제작 시기 ; 1401년(조선 태종 1)
- 크기 ; 가로 112cm × 세로 115cm
- 재질 ; 장지(壯紙)
- 제작유형 ; 저자가 직접 손으로 쓴 원본 필사본(筆寫本)
- 소장 ; 해주오씨 7세 전서(典書) 오광정(吳光廷)의 18세손 오자근(吳自根)에서 19세손 해주오씨 26세 오종환(吳宗煥)

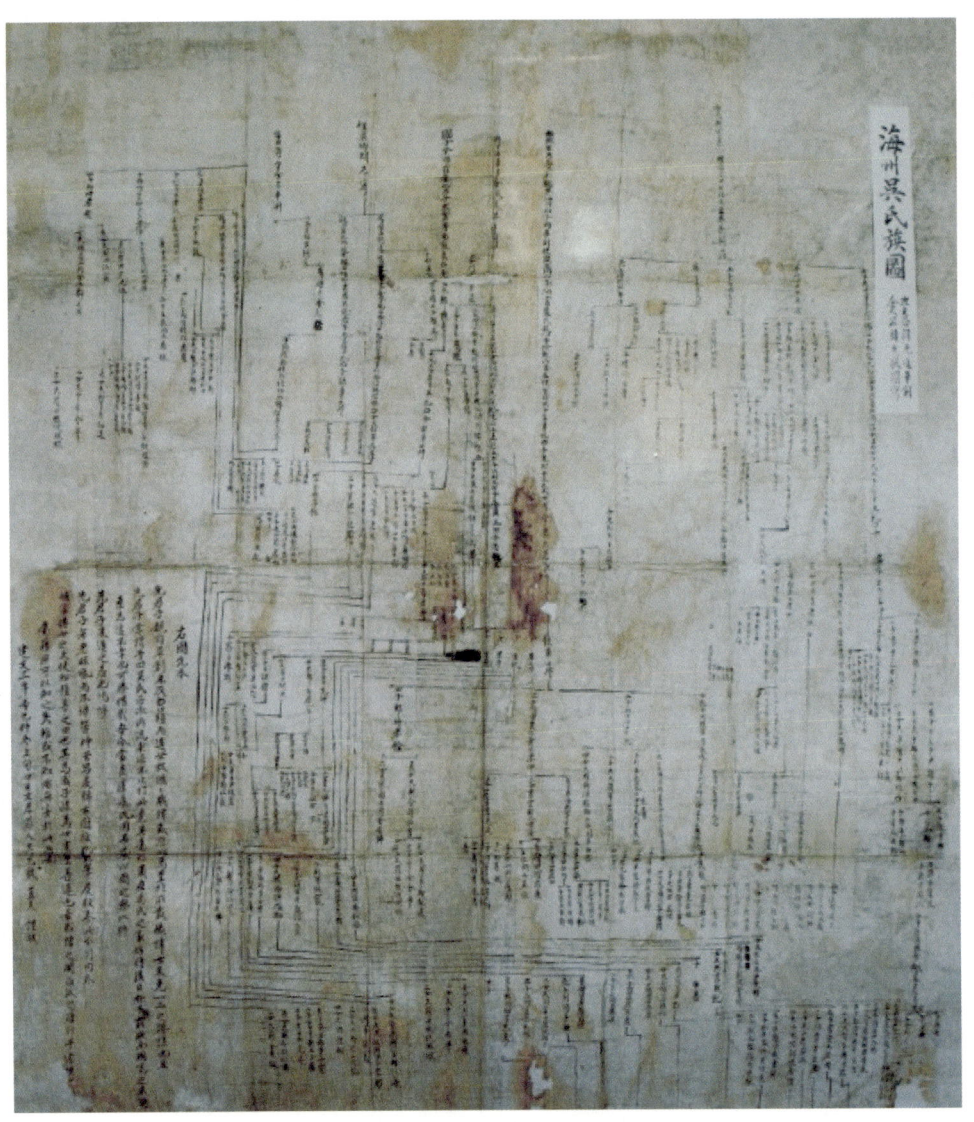

한국 최초의 족보 『해주오씨족도(海州吳氏族圖)』

2
족보의 기본과 연원

2.1 족보의 기본

'족보(族譜, Genealogy)'란 한 씨족(氏族)의 계통(系統)과 혈연(血緣) 관계를 성씨(姓氏)와 본관(本貫)을 바탕으로 기록한 계보서(系譜書)이다. 즉, 조상 대대로 이어져 내려온 혈통과 집안의 역사를 집대성한 책이라 할 수 있다.

족보에서 씨족(氏族, 동족)은 성과 본관이 같아 동일한 시조(始祖)를 모시는 남계친족(男系親族)을 뜻한다. 따라서 족보는 시조로부터 편찬 당시 후손에 이르기까지의 계보를 기록하여, 종적(縱的)으로는 시조에서 현재까지의 세계(世系)와 그 관계를 보여주며, 횡적(橫的)으로는 동족 간 친소원근(親疎遠近)의 관계를 밝히는 역할을 한다.

족보는 단순한 계보 기록을 넘어 동족 결합의 상징적 표현으로서, 촌수(寸數)의 원근을 넘어 가계의 영속, 조상숭배, 종족 간 화

목과 단결을 구현한다. 동시에 한 성씨 집단의 본질을 드러내는 매개체라 할 수 있다.

본질적으로 족보는 사문서(私文書)이지만, 그 성격상 공문서적 가치를 함께 지닌다. 기록을 통해 조상의 업적을 배우고, 종중(宗中) 안에서 협동과 상부상조를 도모하며, 후손을 교화하는 기능까지 지니므로 족보는 단순한 가계 기록을 넘어 사회 통합적 순기능을 발휘한다.

해주오씨 족보(천, 지, 인 3권)

족보는 세보(世譜), 세지(世誌), 계보(系譜), 가보(家譜), 성보(姓譜) 등으로도 불리며, 씨족 전체를 아우르는 종보(宗譜)와 그 안에서 분파된 일단의 세계를 기록한 지보(支譜) 또는 파보(派譜)로 구분되기도 한다.

2.2 족보의 연원(淵源)

족보는 한 가문의 뿌리와 정신을 담은 '집안의 역사책'으로, 국가 역사와 더불어 시조로부터 역대 조상들의 삶과 얼을 전한다.

서양의 경우 족보는 주로 가계 중심의 단편적 기록에 머물렀고 활발히 간행되지는 않았다. 반면 동양, 특히 중국에서는 이미 한(漢)대부터 족보가 등장하여 비교적 활발히 발전한 것으로 알려져 있다. 우리나라에서는 고려 시기에 족보가 나타났으나 본격적인 간행은 조선 중엽 이후 활기를 띠게 되었다.

한국에서 현존하는 가장 오래된 족보는 조선 태종 원년(1401)에 해주오씨 8세 오선경(吳先敬, 관직: 사인 舍人)이 작성한 『해주오씨족도(海州吳氏族圖)』이다.

이후 1423년(세종 5) 문화류씨의 『영락보(榮樂譜)』가 편찬되었

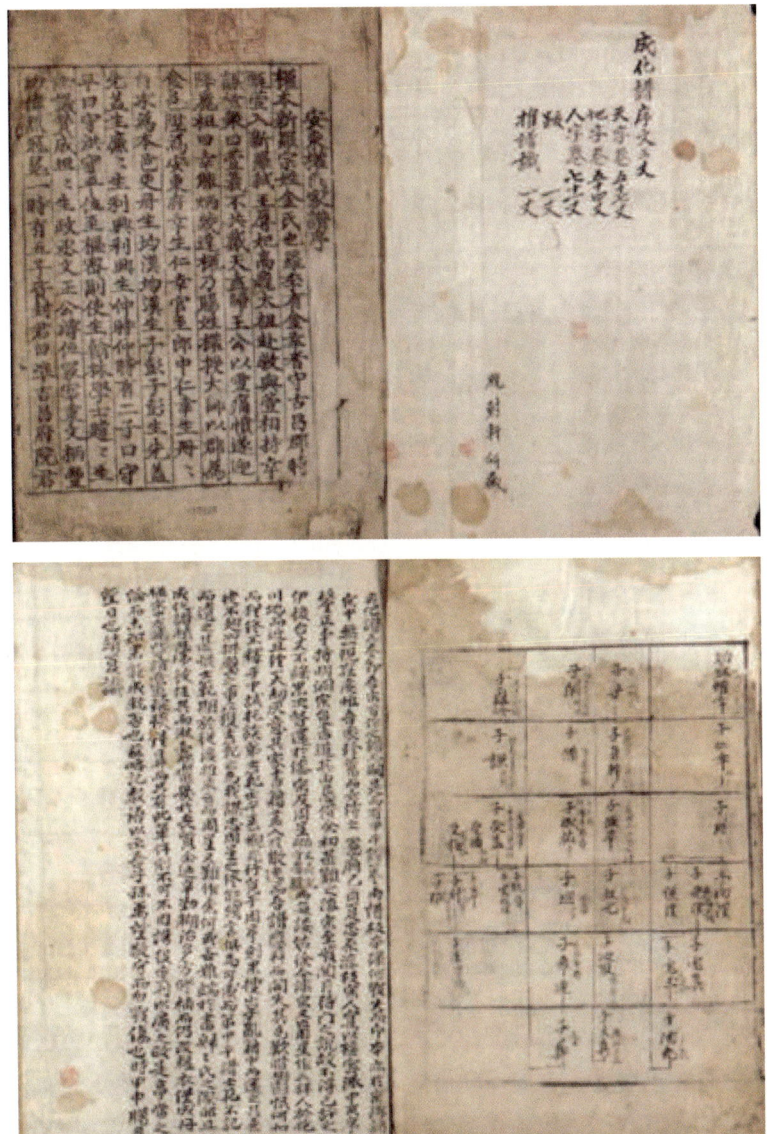

안동권씨 성화보(成化譜)(1476년)

([안동권씨세보] 1476, 목판본, 3권3책, 서울대학교 중앙도서관 소장)

으나 현재는 서문만 남아 있으며, 실물은 전하지 않는다.

이어 1476년(성종 7)에는 안동권씨의 『성화보(成化譜)』가 간행되었는데, 이는 태종조 집현전 대제학 권제(權踶)와 세종조 영의정 권람(權擥) 부자가 주도하여 완성한 것이다.

청송심씨 족보 을사보(乙巳譜) 첫 장(1545년)
([청송심씨족보] 을사보 첫 장 앞면, 1545년, 목판본, 청송심문 개인소장)

현전하는 우리나라 오래된 족보는 1476년 '안동권씨', 1454년 '남양홍씨(南陽洪氏)', 1476년 '전의이씨(全義李氏)', 1478년 '여흥민씨(驪興閔氏)', 1493년 '창녕성씨(昌寧成氏)', 1562년 '문화유씨(文化柳氏)', 1634년 '해주오씨(海州吳氏)' 등으로 알려졌다.

우리나라에서 족보 편성과 간행을 촉진한 배경으로는 동성일족(同姓一族)[1] 의식, 신분 계급사회의 유지, 가문 권세(族閥)의 과시, 당파(黨派)관념, 동성불혼(同姓不婚), 소목질서(昭穆秩序, 신주를 좌우 교대로 배치해 세대·존비를 구분하는 원칙), 적서(嫡庶)[2] 구별 등이 있었다.

1762년 설단 된 남양주시 해주오씨세덕단(世德壇)의 소목(昭穆) 질서

과거에는 족보를 집안의 보물처럼 여겨 상 위에 모셔놓고 정화수(井華水)를 떠다 두 번 절한 뒤, 살아계신 조상 앞에 나아가듯 경

---

1) 같은 성씨로 이어진 하나의 씨족 집단
2) 정실부인과 첩이니 후처 소생

건히 대하였다. 그만큼 족보는 생명처럼 소중히 지켜지고 보전되었다. 그러나 현대에 와서는 서구화, 핵가족화, 개인주의의 확산으로 족보가 점차 도외시되는 경향이 있다.

그럼에도 불구하고 우리 조상들은 "피는 물보다 진하다"는 의식 속에 족보를 가문의 근본으로 여기며 소중히 다루어 왔다. 그 결과 한국은 세계적으로도 가장 발달된 족보 문화를 지닌 나라로 평가받으며, 계보학(系譜學)의 종주국으로 자리매김하고 있다.

오늘날에도 국립중앙도서관, 서울대학교 규장각, 한국학중앙연구원 장서각 등 주요 기관과 각 문중에서 방대한 족보를 소장·관리하고 있다.

세계적으로 가장 큰 계보 기관은 미국 유타주 솔트레이크시티에 위치한 유타 계보 협회(Genealogical Society of Utah)로 여겨진다. 1894년 11월 예수 그리스도 후기 성도 교회(LDS 교회)의 지원으로 설립된 비영리 단체로, 전 세계의 계보 자료를 수집·보존·공유한다. 2023년 1월에는 원래의 명칭 'Family History Library'를 Family Search Library'로 공식 변경하였다. 이곳 '패밀리 서치 도서관(Family Search Library)'에는 130만 롤 이상의 마이크로필름을 비롯한 방대한 자료가 보관되어 있으며, 세계 각국 사람들이 뿌리를 찾고 연구하는 데 활용하고 있다.

미국 유타주 '패밀리 서치 도서관' 입구

족보는 혈족의 기록이며 곧 혈연의 역사이다. 우리 조상들은 목숨을 바쳐가며 족보를 지키고 편찬해 왔으며, 이를 통해 역사의 교훈을 배우고 훌륭한 조상의 얼과 전통을 계승·발전시켜 왔다. 족보는 단순한 가계 기록을 넘어 한 가문과 민족의 정체성을 형성하는 문화유산이자, 사회적 결속과 교화의 도구라 할 수 있다.

1700년 중반 해주오씨 찬성공파(贊成公派) 족보

3

해주오씨족도(族圖)

3.1 해주오씨족도의 개요

『해주오씨족도(海州吳氏族圖)』는 전술한 바와 같이 우리나라에서 현존하는 가장 오래된 최고(最古)이자 최초의 족보 족도(族圖)이다.

『해주오씨족도』는 고려 말부터 조선 초까지의 해주오씨 가계(家系)를 후대 자손들에게 알리고자 하였던 해주오씨 7세 공조전서(工曹典書) 오광정(吳光廷)의 유업(遺業)[3]을 계승하여 그의 아들 의정부 사인(舍人) 오선경이 600여 년 전인 1401년(태종 원년)에 완성하였다.

이 족도는 주로 친가, 외가의 가계 배경을 한눈에 살필 수 있도록, 한 장의 장지(壯紙, 두껍고 질긴 고급 한지)에 작성하였는데, 한국 족보사의 기층(基層, 기본 바탕) 형식을 보여주는 기념비적 자료다.

---

3) 선대부터 이어온 사업

족도의 체계는 표제(表題), 족도(族圖), 발문(跋文)으로 구성되어 있으며, 표제의 하단에는 두 줄로 '전서공휘광정초창(典書公諱光廷草創)[4] 사인공휘선경도사(舍人公諱先敬圖寫)[5]'라는 주기(註記)를 통해 작성자를 명기하였다.

족도의 중심은 해주오씨 시조 1세 오인유(吳仁裕)에서 9세 오인정(吳仁庭)까지의 계보(系譜)가 수록되어 있다. 1세에서 5세 오승(吳昇)까지는 장자(長子) 중심으로 단선적으로 기록되어 있고, 자녀 관계를 포괄하여 족도의 취지가 충실하게 드러나는 것은 6세 오효충(吳孝冲)부터이다.

6세 오효충(吳孝冲)은 곧 족도의 초안을 만든 7세 오광정(吳光廷)의 부친이고 완성자 8세 오선경의 조부가 된다. 가계에 따라서는 8세까지만 수록된 일도 있는데, 족도의 주인공인 오광정·오선경의 가계는 8세인 오선경에서 그치고 있다.

이 족도는 특별한 체계에 구애되지 않고 대(代)수에 따라 종으로 후손들을 도식(圖式)한 족보의 초기 형태이다. 15세기 이전에는 대부분 이런 방식으로 가계를 기록했을 것으로 여겨지며, 15세기

---

4) 전서(典書) 벼슬을 지낸 이름 광정(光廷)이 처음으로 시작.
5) 사인(舍人) 벼슬을 지낸 이름 선경(先敬)이 그리고 글을 씀.

중반경에 보도(譜圖, 그림족보)를 기본으로 하여 자표(字標)⁶⁾, 범례(凡例), 부록(附錄), 서발문(序跋文) 등이 추가되면서 정식의 족보가 만들어지게 되었다.

이 족도에는 해주오씨를 중심으로 이들과 직간접적으로 혼인 관계에 있었던 장흥임씨(長興任氏), 경주김씨(慶州金氏), 수원최씨(水原崔氏), 여흥민씨(驪興閔氏), 행주기씨(幸州奇氏)의 가계가 함께 도식되어 있어 해주오씨의 상대(上代) 세계(世系)는 물론 혼반(婚班)⁷⁾을 이해하는 데에도 크게 참고가 된다.

장흥임씨는 임원후(任元厚: 守 大師 中書令)의 자손들로 해주오씨 시조 오인유(吳仁裕)의 증손 4세 오찰(吳札), 현손 5세 오승(吳昇)과의 관계 속에서 수록되었으며, 김봉모(金鳳毛: 平章事) 계열의 경주김씨는 오승의 처가였다.

그리고 최루백(崔婁伯: 國子祭酒) 계열의 수원최씨는 4세 오찰(吳札)의 처가였으며, 여흥민씨는 민지령(閔志寧: 禮賓卿)의 자손들로서 오찰(吳札)의 부친 3세 오민정(吳民政)과의 관계를 바탕으로 수록되었고, 기수전(奇守全: 宰臣) 계열의 행주기씨는 5세 오

---

6) 성명 외에 부여되는 다른 이름 표기.
7) 서로 혼인을 맺을 만한 양반의 지체(신분 지위).

승(昊昇)과의 관계 속에서 수록되었다.

자녀는 출생 순서에 따라 수록되어 있어 당시의 사회상이 그대로 반영되어 있다. 아들의 차서(次序)는 장자(長子), 2자, 3자, 4자 등으로 매겨져 있고, 딸(사위)은 차서에 따라 기녀(幾女)[8]로 표기된 예도 있고, 서(壻, 사위) 또는 여자(女子)로 표기된 경우도 있다.

각 인물의 기록은 간략하게 차서(次序), 관직, 이름만 기록되어 있는데, 이런 현상은 족도의 작성자인 오광정·오선경 부자(父子)에게서도 마찬가지이다.

이 『해주오씨족도(族圖)』에 국한한다면 해주오씨의 시조는 오인유(吳仁裕)라 할 수 있다. 그러나 오선경이 발문에서 오인유 이전의 세계(世系)가 담긴 속적(屬籍) 즉 속한 족보가 우씨(禹氏) 집안에 소장되어 있었다고 하였다. 그러나 현재까지 우씨(禹氏) 족보 어디에도 그러한 내용은 찾아볼 수 없는 것으로 나왔다.

혹시 한자 '오(吳)' 중국어 발음이 '우(Wu)'로 되고 오(吳)씨 시조 오인유는 서기 984년 고려 성종 3년에 중국 송(宋)나라 대학사로 고려에 들어왔다고 하니 중국 족보 어디에 기록되어 있는지

---

8) 기녀(幾女) : 몇 명의 딸.

도 모르겠다고 생각되어 지속적으로 탐색해 볼 과제라 여겨진다.

족도 이후 해주오씨 시조 『오인유(吳仁裕)』에 대해서는 1600년(선조 33) 해주오씨 13세 오희문(吳希文, 1539~1613)의 임진왜란・정유재란 피란기 『쇄미록(瑣尾錄)』 중 『해주오씨족도기(族圖記)』와 그리고 1634년(인조 12)에 간행된 해주오씨 족보 초간본 『갑술보(甲戌譜)』 이래 모든 해주오씨 족보에서 시조로 등록되었는데, 그 근거가 된 것이 바로 이 족도이다.

왼쪽 아래 끝의 발문(跋文)[9]에 이 족도는 부친 해주오씨 7세 전서(典書)공 오광정(吳光廷)의 초본을 바탕으로 아들 사인(舍人)공 오선경이 완성했다는 사실이 서술되어 있다.

『해주오씨족도(族圖)』는 원본이 전하는 가장 오래된 족보로서, 동시대 타 명문가에도 유사 형식의 족도가 존재했을 가능성을 시사한다. 그러나 현재까지 확인된 사례가 없어 희소성과 독보성이 더욱 부각된다. 본 족도는 가문의 기원 서사・혼맥 네트워크・문벌 의식을 압축적으로 담아내며, 조선 전기 족보 문화의 형성과 전환을 이해하는 데 필수적인 기준점이 된다.

---

9) 책이나 글의 끝부분에 덧붙여 쓰는 글(간행 경위・평가・감상・감사・연월일・서명 등).

해주오씨족도(族圖) 관련 연혁

- 1401년(조선 태종 1) 신사년 11월 '해주오씨족도(海州吳氏族圖)' 탄생
- 1423년(세종 5) 문화류씨(文化柳氏) '영락보(榮樂譜)' / +22년 후
- 1476년(성종 7) 안동권씨(安東權氏) '성화보(成化譜)' / +75년 후
- 1592년(선조 25) 임진왜란 전후 해주오씨 13세 사복시경공파 오안국(吳安國) 소장
- 1591~1601년 해주오씨 오희문의 9년 3개월 기록물 '쇄미록(瑣尾錄)'에 1600년(선조 33) 5월 5일 족도기(族圖記) 기록/ +200년 후
- 1600년(선조 33) 임진왜란 후 14세 사복시경공파 오빈(吳䫨) 소장(所藏)
- 1634년(인조 12) 해주오씨(海州吳氏) '갑술보(甲戌譜)' / +233년 후
- 1718년(숙종 44) 해주오씨(海州吳氏) '무술보(戊戌譜)' / +317년 후
- 1964년 해주오씨 24세 전서공파 오성영(吳聖泳) 소장/ 족도 사진 해주오씨 갑진보(甲辰譜)에 처음 게재
- 1987년 7월 14일 MBC '해주오씨족도(海州吳氏族圖)' 실존, 최초 취재 보도/ 해주오씨 25세 오자근(吳自根) 소장(所藏)/ +586년 후
- 1987년 7월 23일 경향신문 지면 보도/ +586년 후
- 1989년 2월 "해주오씨족도고(海州吳氏族圖考)" 논문 정재훈 서강대학교
- 1991년~2020년 해주오씨 26세 오경환(吳璟煥) 소장(所藏)/ 부친 오자근 졸 후 부산시 수영구

- 2001년 "조선초기 가계기록(家系記錄)에 대한 일고찰/ 해주오씨족도를 중심으로" 논문 오영선 서울시립대학교
- 2017년 7월 "조선 시기 선대(先代) 파악 방식의 족보 반영 양상 / 해주오씨족도를 중심으로" 논문 김현영 낙산고문헌연구소 소장/ +616년 후
- 2025년 8월 현재 "해주오씨족도" 실물, 해주오씨 26세 오종환(吳宗煥) 보유, 제작 624주년

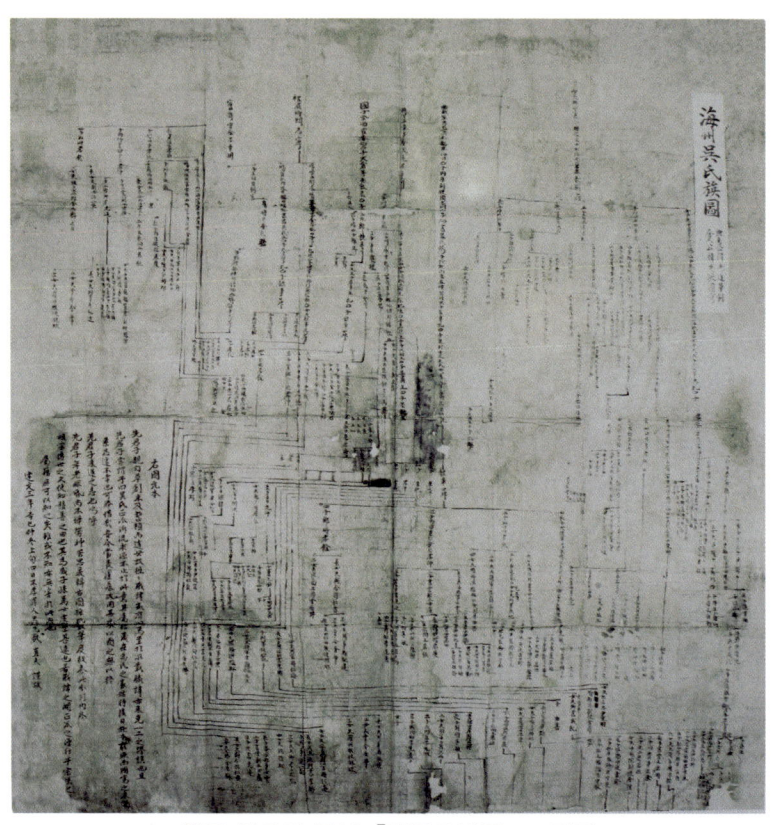

한국 최초의 족보 『해주오씨족도』 전면

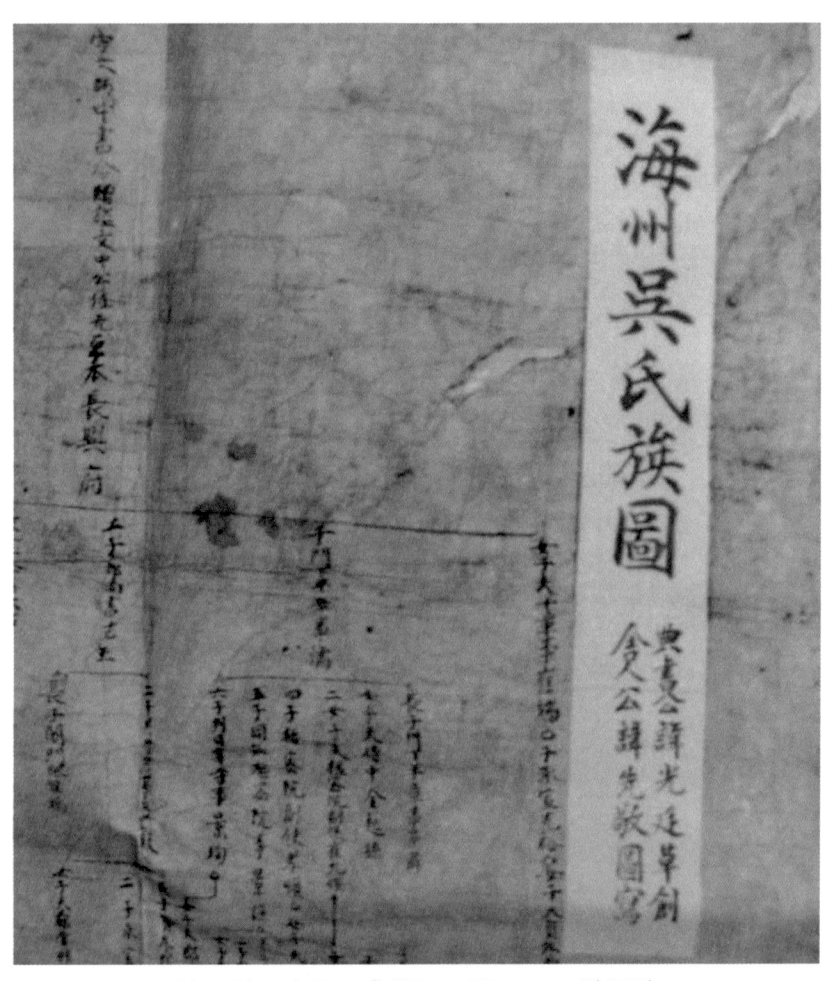

한국 최초의 족보 『해주오씨족도』 표제(表題)
※주; '전서공휘광정초창(典書公諱光廷草創)
사인공휘선경도사(舍人公諱先敬圖寫)' 표시됨.

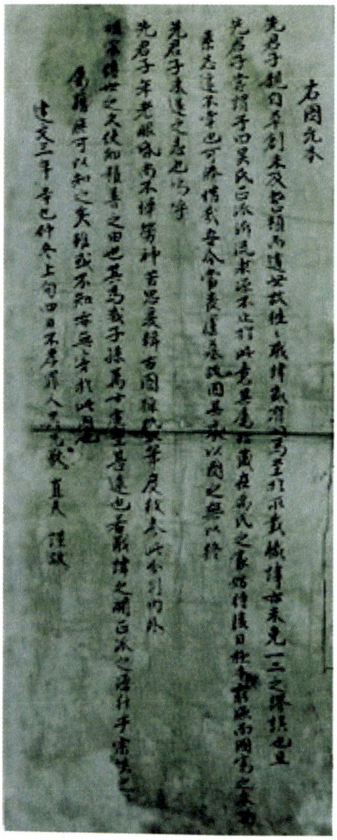

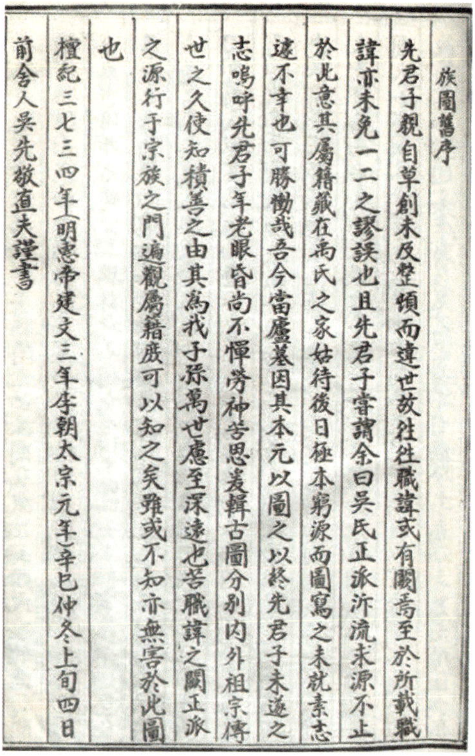

族圖舊序

先君子親自草創未及整頓而遺世故姓姓職諱或有闕焉至於所載
諱亦未免一二之謬誤也且先君子甞謂余曰吳氏正派沂流未源不止
於此意其屬籍藏在禹氏之家姑待後日極本窮源而圖寫之未就素志
遽不幸也可勝慟哉今當廬墓因其本元以圖之以終先君子未遂之
志嗚呼先君子年老眼昏尚不憚勞神苦思裒輯古圖分別內外祖宗傳
世之久使知積善之由其爲我子孫爲世慮至深遠也吾職諱之闕正派
之源行于宗族之門遍觀屬籍庶可以知之矣雖或不知亦無害於此圖
也
檀紀三七三四年明惠帝建文三年李朝太宗元年辛巳仲冬上旬四日
前舍人吳先敬直夫謹書

右圖九本

先君子親自草創未及整頓爲至於所載諱亦未免一二之謬誤也豆
先君子甞謂子曰吳氏正派沂流未源不止以此意其屬籍在禹氏之家
姑待後日極本窮源而圖寫之未就素志遽不幸也可勝慟哉今當廬墓
因其本元以圖之以終
先君子未遂之志九本矣
先君子年老眼昏尚不憚勞神苦思裒輯古圖九本以次知積善之由其
爲我子孫爲世慮至深遠也吾職諱之闕正派之源行于宗族之門遍觀
屬籍庶可以知之矣雖或不知亦無害於此圖也
建文三年辛巳仲冬上旬四日不肖孤人先敬 直夫 謹識

『해주오씨족도』 발문(跋文) 원본

3.2 족도 편저자 오광정·선경 부자(父子)의 족보 내용

해주오씨족도는 해주오씨 오선경의 부친 해주오씨 7세 전서(典書) 오광정(吳光廷)의 초본을 바탕으로 8세 아들 사인(舍人) 오선경이 완성했다는 사실이 서술되어 있는데 족도(族圖) 편저자 오광정·오선경 부자(父子)의 현재 '해주오씨 족보'에 게재된 내용을 알아보면 다음과 같다.

1) 전서(典書) 오광정(吳光廷) 족보 내용

〈광정(光廷) 공 족보 원본 내용 1〉

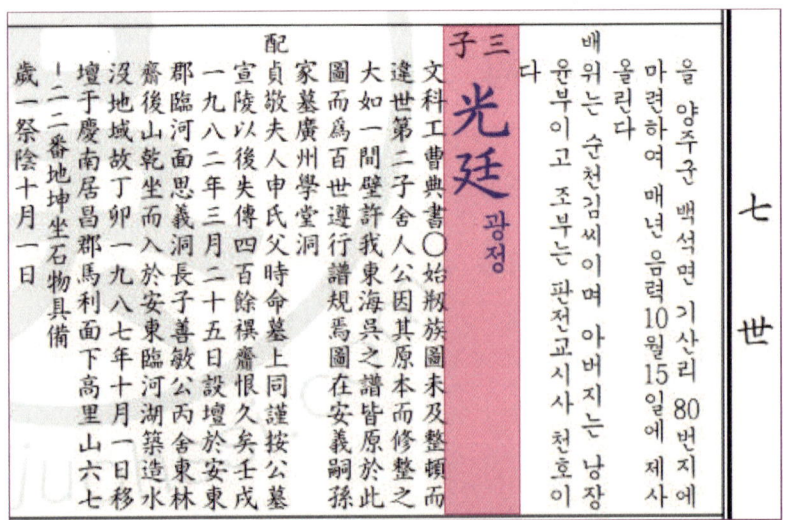

〈광정(光廷) 공 족보 원본 내용 2〉

```
三子 光廷(광정) / 典書 公派
삼자 광정       전서 공파

  文科工曺典書○始親族圖未及整頓而遣世第二子舍人公因其原本而修整之大如一間壁軒我東吳之譜皆原於此圖而爲百世遵
  문과공조전서  시 족도미급정돈이위세제이자사인공인기원본이수정지대여일간벽허아동해오지보개원어차도이위백세준
行譜規圖圖在安義嗣孫家基廣州學堂洞
행보규언도재안의사손가묘광주학당동
配貞敬夫人申氏父時命基上同謹按公基宣陵以後失傳四百餘禩齋恨久矣壬戌一九八二年三月二十五日設壇於安東郡臨河面思義
배정경부인신씨부시명 묘상동근안공묘선릉이후실전사백여  재한구의임술일구팔이년삼월이십오일설단어안동군임하면사의
洞長子善敏公丙舍東林齋敼山乾坐而入於安東臨河湖豊造水沒地域故丁卯一九八七年十月一日移壇于慶南居昌郡馬利面下高里
동장자선민공병사동림재후산건좌이입어안동임하호축조수몰지역고정묘일구팔칠년십월일일이단우경남거창군마리면하고리
山六七 - 二二番地坤坐石物具備
산육칠   이이번지곤좌석물구비
歲一檠隆十月一日
세일제음십월일일
```

〈광정(光廷) 공 족보 원본 내용 주해(注解)〉

◐ 해주오씨 7세 전서공파(典書公派) 파시조 오광정(吳光廷)

문과에 급제하여 관직이 공조전서(工曹典書)를 지냈다. 족도(族圖)를 처음으로 시작하였으나 온전하게 마치지 못하고 세상을 떠나심에 둘째 아들 사인(舍人)공 오선경이 그 원본을 다시 정리하여 완성하였다.

크기가 한 칸의 벽면을 가득 채울만한 것으로 우리 동방 오씨 모든 족보의 근본이 되어 백세 토록 본규(本規)의 본보기로 받들어지고 있다. 족도의 진보(眞譜)는 현재 안의현(安義縣)[10] 대(代)를 이은 자손댁에 보관되어 있다. 묘소는 광주(廣州) 학당동(學堂洞, 현

---

10) 현재 경남 함양군 안의면.

서울 강남구 선릉 능역 내)에 있다.

배위는 정경부인 신씨(申氏), 아버지는 신시명(申時命)이며 묘소는 공의 묘소와 같다.

그러나 선릉(宣陵)[11] 조성 시 묘소가 실전되고 400여 년이나 지나면서 제때 대비하지 못한 것이 한이 된 지 오래다가 1982년(임술년) 3월25일 안동군 임하면 사의동 맏아들 선민(善敏)공 재사인 '동림재(東林齋)' 뒷산 건좌에 설단(設壇)하였다.

그러나 얼마 되지 않아 임하댐 건설로 일대가 수몰되는 불행한 사태가 발생하여 1987년(정묘년) 10월 1일 단소(壇所)를 경남 거창군 마리면 하고리 산 67-22번지 곤좌로 옮기고 석물을 갖추었다.

매년 음력 10월 1일에 제사를 올린다.

---

11) 조선 제9대 성종과 계비 정현왕후의 능.

2) 사인(舍人) 오선경(吳先敬) 족보 내용

⟨선경(先敬) 공 족보 원본 내용 1⟩

⟨선경(先敬) 공 족보 원본 내용 2⟩

二子 先敬(선경) / 舍人 公派
이자 선경　　　　사인 공파

字直夫號滄洲洪武甲寅一三七四年生定宗元年己卯一三九九年文科歷成均館直提學翰林議政府舍人世宗元年己亥一四一九年
자직부호창주홍무갑인일삼칠사년생정종원년기묘일삼구구년문과역성균관직제학한림의정부사인세종원년기해일사일구년
爲都元帥柳廷顯從事官從征討倭馬島殉節享年四十六基全南靈光郡隙良面三孝里林二十三番地吳開庵山巽坐有大司憲李得宗
위도원수유정현종사관종정토왜대마도순절향년사십육묘전남영광군무양면삼효리임이십삼번지오개암산손좌유대사헌이득종
改闕碣文所得破碎碑石及墻誌三片還埋墓前古處公爲忠州曝史閣臣尹淮述餞行詩序曰公爲陽村權近之堂出卓陰門學聖人
개궐갈소득파쇄비석급장지삼편환매묘전고처공위충주폭사각신윤회술전행시서왈공위양촌권근지당출탁음문학성인
之徒也自爲甲子卓犖不群籟第高步入甄昕侍翠惟忠 言直筆兩無所愧 日博學而才敏 辭婉而氣和孝於親信於友勤于職守慎乎
지도야자위갑자탁락불군촉제고보입견흔시취유충 언직필양무소괴우왈 학이재민 사완이기화효어친신어우근우직수신호
接物盖今日之國士天下之士也公之行餘多載國乘見 鑑太寶靈光牛山祠釋菜禮二月二十二日
접물개금일지국사천하지사야공지행녹다재국승견 보감향명광우산사석채예이월이십이일
配貞夫人河東鄭氏父進賢館直提學贈崇祿大夫議政府左贊成兼寶文閣大提學照外祖南陽洪希基公基左上十步許巽坐二〇二〇
배정부인하동정씨부진현 직제학증숭록대부의정부좌찬성겸보문각대제학희외조남양홍희기공묘좌상십보허손좌이 이
년육월삼일이장분조 좌

歲一祭陽四月二週土曜日
세일제양사월이주토요일

⟨선경(先敬) 공 족보 원본 내용 주해(注解)⟩

◐ 해주오씨 8세 사인공파(舍人公派) 파시조 오선경(吳先敬)

자(字)는 직부(直夫)이고 호는 창주(滄洲)이다.

1374년 갑인년에 태어나고 1399년(정종 원년) 기묘년에 문과에 급제하여 관직이 성균관 직제학 한림 의정부 사인을 지내다 1419년(세종 1) 기해년 도원수 유정현(柳廷顯)이 왜구 정벌을 위하여 대마도에 출정할 때 종사관으로 수행하는 중에 순절(殉節)하였다. 그때 나이 46세였다.

묘소는 전남 영광군 묘량면 삼호리 산 23번지 모개암산 손좌이다.

대사헌 이득종(李得宗)이 비석을 다시 세울 때 지은 비문에 '깨어진 비석 조각을 찾았고 도자기로 만든 묘지석 세 조각을 묘소 앞에서 얻어 이것이 공의 산소임이 확인되었다.'

공이 충주 사고에 서책 건조차 갈 때 규장각 관원 윤회가 지은 전별시 서문에 『공은 양촌 권근 문인으로 어은 인제에게 성인의 학문을 따라 배우다 성균관 학생으로 그 가운데 학문 활동이 뛰어나서 과거에 급제하고 밝은 행보로 왕을 가까이 모시며 오직 충성스러운 말과 바른 상소를 올리는 데에 마음을 두고 다른 것은 생각지 않았다. 학식이 넓고 재주가 민첩하며 겸손하고 유순한 기상에 늘

화평하였다.

 부모님께 효도하고 벗에게 신의가 있으며 직책에 근실하여 모든 일을 대할 때에 삼가고 진실하니 오늘날 나라의 선비요 천하의 선비다.』라고 하였다.

 공의 행적과 기록은 나라의 실록에 많이 올라 있고 집안의 문헌보감에서도 볼 수 있다.
 영광 우산사(牛山祠)에 배향되고 향사(享事)는 유림이 주관하여 2월 22일에 올린다.

 배위는 정부인 하동정씨이며 부(父)는 집현관 직제학으로 증직 숭록대부 의정부 좌찬성 겸 보문각 대제학 정희(鄭熙)이고 외조부는 남양 홍희충(洪希忠)이다.
 묘소는 공의 산소 왼쪽에 10걸음 손좌이다.
 2020년 6월 3일 이장하여 합장하니 왼쪽이다.
 제사는 매년 양력 4월 둘째 주 토요일에 올린다

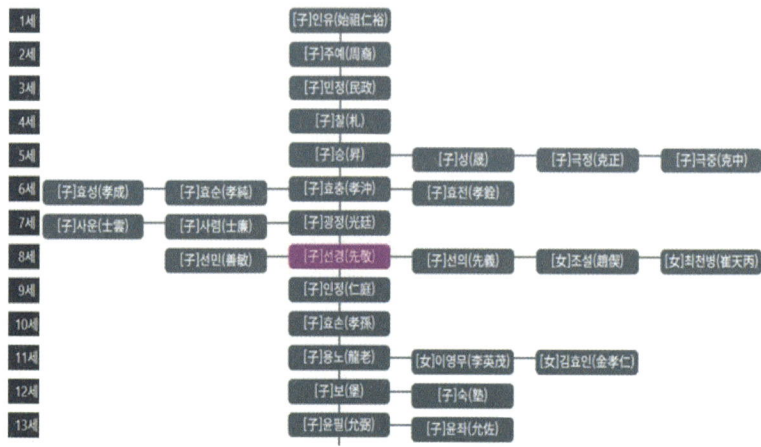

해주오씨 7세 오광정(吳光廷), 8세 오선경(吳先敬) 계보도(系譜圖)

해주오씨족도 편저자
오광정 · 오선경 부자 세계(世系)

시조 1세 오인유(吳仁裕) → 2세 주예(周裔) → 3세 민정(民政) → 4세 찰(札) → 5세 승(昇) → 6세 효충(孝沖) → **7세 광정(光廷)** → **8세 선경(先敬)** → 9세 인정(仁庭) → 10세 효손(孝孫) → 11세 용노(龍老)로 이어진다.

4

해주오씨족도(族圖) 최초 언론 공개

4.1 한국 최초의 족보로 세상에 나오다.

1987년 7월 14일, MBC는 지금으로부터 600여 년 전인 1401년(태종 1)에 완성된 우리나라 최초의 족보 『해주오씨족도(海州吳氏族圖)』를 처음으로 취재·보도하였다.

이날 방송을 통해 한국 최초의 족보 '족도(族圖)'의 실물이 공개되고, 소장자가 구체적으로 밝혀짐으로써 비로소 『해주오씨족도』가 현존하는 우리나라 족보의 원조(元祖)로 확실히 자리매김하게 되었다. 이를 계기로 한국의 대표적인 기록문화 유산인 『해주오씨족도(族圖)』는 새로운 전기를 맞게 된다.

보도의 핵심은 부산시 수영구(당시 남구) 민락동에 거주하던 소장자 해주오씨 25세 오자근(吳自根) 씨로부터 족도의 실물이 공개된 사실이었다. 오자근 씨는 해주오씨 시조 오인유(吳仁裕)의 25세손이며, 족도 초본을 작성한 전서공파(典書公派)의 파시조 해주오씨 7세 전서공 오광정(吳光廷)으로부터는 18대손에 해당한다.

이전까지는 『해주오씨족도』의 존재가 학계에 명확히 알려지지 않아, 1423년(세종 5)에 간행된 문화류씨의 『영락보(榮樂譜)』, 그리고 1476년(성종 7)에 간행된 안동권씨의 『성화보(成化譜)』가 한국 최초의 족보로 전해지고 있었다. 그러나 1987년 7월 14일의 방송 보도로 그 인식은 완전히 바뀌게 된 것이다.

이어 같은 해 7월 23일자 경향신문에는 「족보 원조인 족도(族圖)가 있었다」라는 제목의 기사에서, 해주오씨종친회(海州吳氏宗親會)에서 발간한 『대동계보약기(大同系譜略記)』를 인용하여 해주오씨의 족도를 소개·보도하였다. 이를 통해 『해주오씨족도』는 한국 최초의 족보임이 대중적으로도 확실하게 알려지게 되었다.

이후 『해주오씨족도』에 대한 구체적인 연구 논문이 발표되고 학술 세미나가 개최되면서, 학계 전문가들 또한 이를 한국 최초의 족보로 공인하였다. 더 나아가 고려 및 조선 시대 계보 연구에서도 『해주오씨족도』는 중요한 근거 자료로 활용되고 있다.
  오늘날 『해주오씨족도』는 단순한 가문의 기록을 넘어, 한국 족보문화의 기원을 보여주는 귀중한 문화유산으로 평가받고 있다.

4.2 해주오씨족도(族圖)에 관한 MBC 언론보도 내용

1987년 7월 14일 MBC에서 최초로 『해주오씨족도』에 대하여 취재 보도한 내용을 알아보면 다음과 같다.

보도 제목 : [최고(最古)의 그림 족보 처음 발견, 부산시 남구 해주오씨족도]

● **앵커(강성구)** : 지금까지 전해져 오고 있는 족보와 전혀 다른 그림으로 표시된 족보가 처음 발견됐고 뿐만 아니라 이 족보는 우리나라에서 가장 오래된 것이라고 합니다. 보도해 드립니다.

1987.7.14 MBC 앵커 보도 장면

● **기자(이상룡)** : 현존하는 족보 가운데 가장 오래된 안동권씨 성화보(成化譜)보다 75여 년이 앞서 작성된 족도가 처음 발견되었습니다.

본사 한국문화의 원류를 찾아서 취재팀이 찾아낸 '해주오씨족도'는 부산시 수영구(당시 남구) 민락동 오자근(吳自根) 씨가 선조 대대로 간직해 온 것입니다.

이 족도는 원본이 전하는 가장 오래된 족도로서 1600년경에는 오희문(吳希文), 오윤해(吳允諧) 부자에 의해 부본이 작성될 정도로 해주오씨 가문 내에서는 그 중요성이 일찍부터 알려져 있었으며 1634년 간행된 해주오씨 '갑술보(甲戌譜)'의 저 본이 되었다는 점에서 자료적 가치가 매우 높습니다.

이 해주오씨족도는 종이 한 장에 한 개인의 조상과 자손 관계를 그림으로 표시한 것으로 창시조와 중시조 밑에 수많은 가족관계를 종합한 17세기 후반의 족보보다 원시적인 형태의 족보입니다.

● **황운룡 (동아대 사학과) 교수** : 이런 문서는 제가 보기에는 처음 접하는 문서입니다. 이런 것이 있었기 때문에 족보를 제작할 수 있었고 족보 제작의 기본이 되는 그러한 문서로서 대단히 중요한

의미가 있다고 보입니다.

● **기자** : 이 족도에는 건문(建文) 3년 즉 조선조 태종 원년 1401년에 작성했다는 기록이 있으며 작성자의 부친이 늙고 병들어서 기억력이 떨어지기 전에 가족관계를 적어 둔다는 작성 의도를 밝히고 있습니다.

또 해주오씨족도는 본선과 외선을 똑같이 기록하고 있어 족보의 초기 형태의 특징을 잘 나타내고 있습니다.

해주오씨족도는 지금까지 알려져 온 족보의 원시 형태인 가승(家乘) 구조도나 내외 보호와는 다른 그림 족보로서 조선 초기 가족사 연구에 귀중한 자료로 평가받고 있습니다.

MBC 뉴스 이상룡입니다. 1987.7.14.

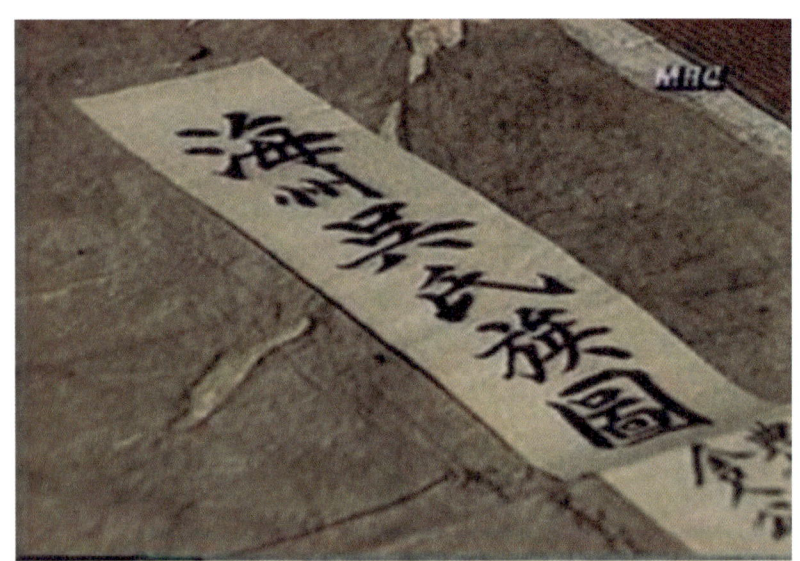

『해주오씨족도』 표제(表題)부

『해주오씨족도』 처음 공개되는 장면

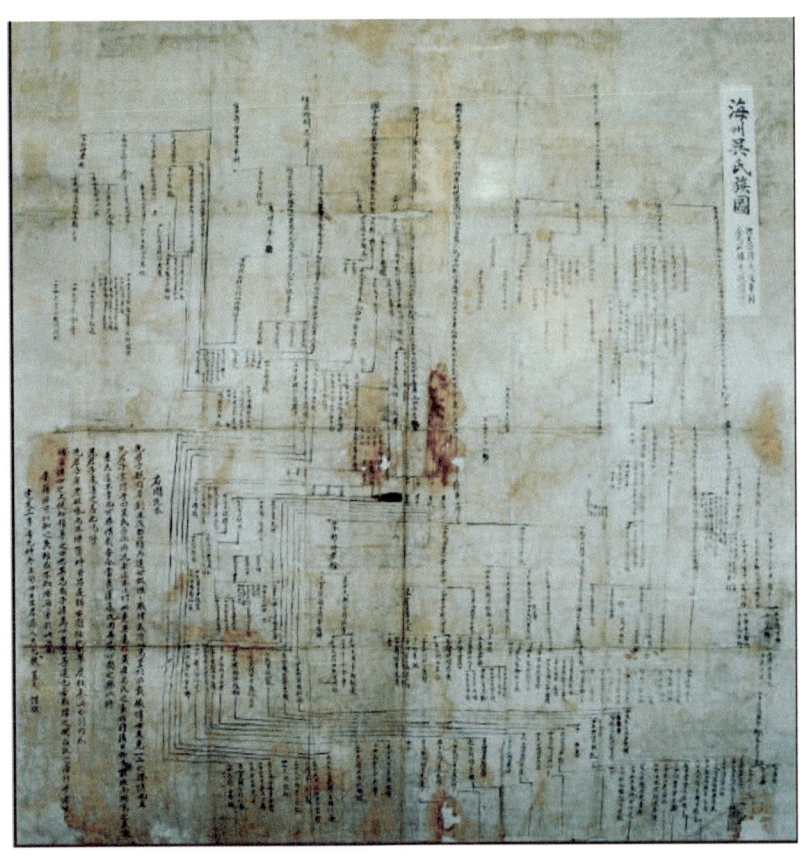

『해주오씨족도』 전체 내용

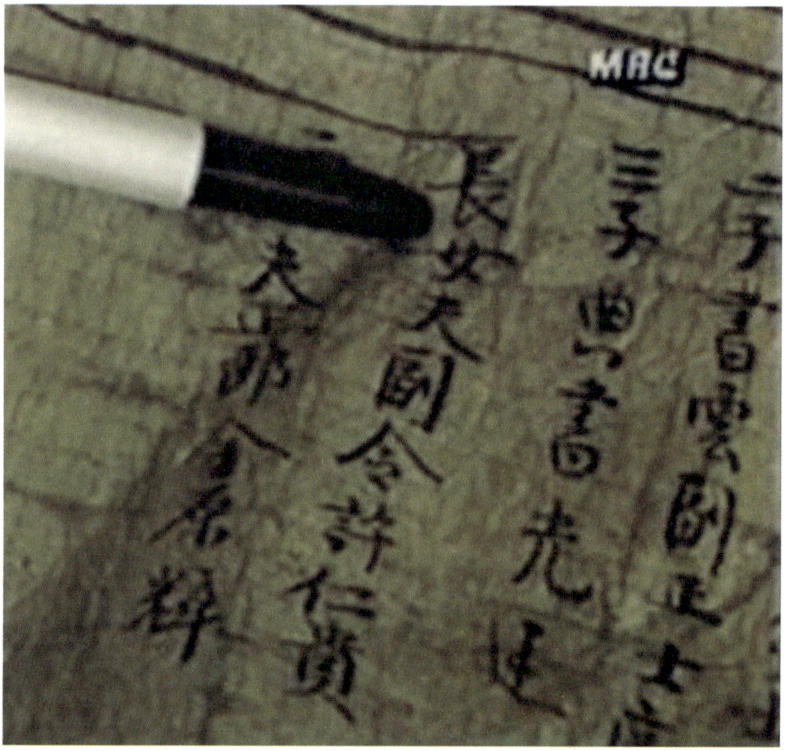

『해주오씨족도』 일부 내용

황운룡(동아대 사학과 교수) 인터뷰

5
해주오씨족도 족도발(跋)

발(跋)이란 책이나 글, 서예 작품 등에서 본문이 끝난 뒤에 덧붙여 쓰는 글로서, 본문의 대강이나 간행 경위, 평가와 감상, 그리고 작성 연월일이나 서명 등을 기록한 것이다. 『해주오씨족도(海州吳氏族圖)』의 경우에도 이러한 발(跋)이 전해지는데, 이를 '족도발

해주오씨족도 족도발(族圖跋)

右圖元本 先君子親自草創 未及整頓而違世 故往往職諱或有闕焉
至於 所載職諱 亦未免一二之謬誤也
且先君子嘗謂余曰 吳氏正派 泝流求源
不止於此 意其屬籍 藏在禹氏之家 姑待後日 極本窮源而圖寫之
未就素志 遽不幸也 可勝惜哉
吾今當喪廬墓 故因其元本而圖之 無以終先君子未遂之志
嗚呼 先君子年老眼昏 尙不憚勞神苦思
爰輯古圖 採紙執筆 度彼參 此 分別內外祖宗傳世之久
使知積善之由也 其爲我子孫萬世 慮至甚遠也
若職諱之闕 正派之源 行乎宗族之(門 遍觀)屬籍 庶可以知之矣
雖或不知 亦無害於此圖也
建文三年 辛巳仲冬上旬 四月 不孝罪人 吳先敬 直夫 謹跋

해주오씨족도 발문(跋文) 원문 내용

(族圖跋)'이라 한다. 이 글에는 족도의 편찬 동기와 제작 과정, 그리고 전승의 경위가 담겨 있다.

5.1 족도발(族圖跋) 한문 원문(原文)

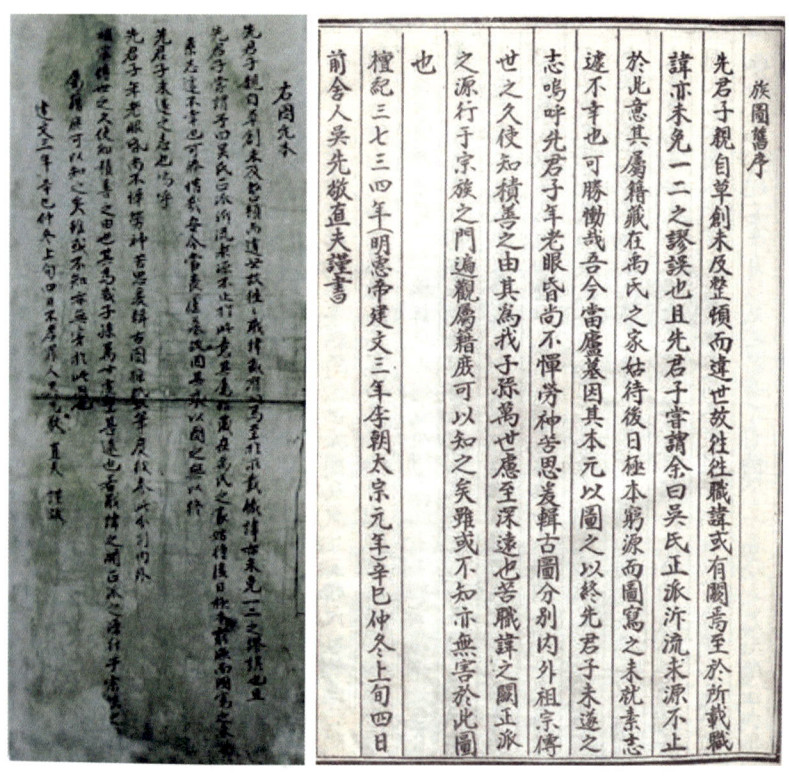

『해주오씨족도』 발문(跋文) 원본

5.2 족도발(族圖跋) 번역문

　오른쪽의 이 도표 원본은 선친께서 처음부터 손수 마련하신 것이나, 미처 정리할 겨를도 없이 세상을 떠나셨다. 그로 인해 관직명과 이름(諱)이 간혹 빠진 부분이 있다. 또한 기록된 관직명과 이름 가운데에도 한두 가지 오류가 없지 않다.

　선친께서는 일찍이 내게 말씀하시기를, "우리 오씨(吳氏)의 바른 계통은 흐름을 거슬러 올라가 근원을 찾아야 한다."하셨다.

　그뿐만 아니라 족보 문서가 아마도 우씨(禹氏) 집안에 보관된 듯하여, 훗날 반드시 그 근본을 철저히 밝혀 도표로 옮기려 하셨다. 그러나 평소의 뜻을 이루지 못한 채 갑자기 불행을 당하셨으니, 어찌 애석하지 않으랴.

　나는 지금 상(喪)중이라 묘 옆에 초막을 짓고 시묘(侍墓)살이를 하고 있다. 그래서 선친의 원본에 따라 이 도표를 그렸으나, 결국 선친께서 이루지 못한 뜻을 다 마무리하지는 못하였다.

　아아, 선친께서는 연로하여 시력이 어두워졌음에도, 마음과 정성을 아끼지 않으셨다. 옛 도표를 모으고 종이를 가려 손수 붓을 들어 이것저것을 참고·대조하며, 내외 조상의 세계가 전해 내려온 연대를 구별하였다. 이는 가문이 쌓아온 덕의 근본을 알게 하고, 자손만대의 앞날을 깊이 헤아리신 것이었다.

비록 관직명과 이름이 빠진 곳이 있다 하더라도, 종중에서 바른 계통을 따지고 족보 문서를 널리 살핀다면 대체로 알아낼 수 있을 것이다. 혹 알지 못하는 부분이 있다 하더라도, 이 도표의 근본 취지에는 아무런 지장이 없다.

건문(建文) 3년(1401) 신사년 음력 11월 상순 사일(四日), 불효한 아들 직부(直夫) 오선경(吳先敬)이 삼가 발문을 올리다.

5.3 족도발(族圖跋) 원문 대조 번역

〈1. 右圖元本 先君子親自草創 未及整頓而違世 故往往職諱或有闕焉〉
오른쪽 도표의 원본은 선친께서 친히 처음부터 마련하셨으나, 미처 정리할 겨를도 없이 세상을 떠나셨다. 그래서 관직명과 휘(諱, 이름)가 간혹 빠진 부분이 있다.

〈2. 至於 所載職諱 亦未免一二之謬誤也〉
기록된 관직명과 이름에도 한두 가지 오류가 없지 않다.

〈3. 且先君子嘗謂余曰 吳氏正派 泝流求源〉

또한 선친께서 일찍이 내게 말씀하시기를,

"우리 오씨(吳氏)의 바른 계통은 흐름을 거슬러 올라가 근원을 찾아야 한다."하셨다.

〈4. 不止於此 意其屬籍 藏在禹氏之家 姑待後日 極本窮源而圖寫之〉

그뿐만 아니라 족보 문서가 아마도 우씨(禹氏) 집안에 보관된 듯하여 훗날 근본을 철저히 밝혀 도표로 옮기려 하셨다.

〈5. 未就素志 遽不幸也 可勝惜哉〉

그러나 평소의 뜻을 이루지 못한 채 갑자기 불행을 당하셨으니, 어찌 애석하지 않으랴.

〈6. 吾今當喪廬墓 故因其元本而圖之 無以終先君子未遂之志〉

나는 지금 상(喪) 중이라 묘 곁에 초막을 짓고 시묘(侍墓)살이를 하고 있다. 그래서 선친의 원본에 따라 이 도표를 그렸으나, 끝내 선친께서 이루지 못한 뜻을 다 마무리하지는 못하였다.

〈7. 嗚呼 先君子年老眼昏 尙不憚勞神苦思〉

아아, 선친께서는 연로하여 시력이 어두워졌음에도, 마음과 정성을 아끼지 않으셨다. 신을 기울이는 것을 꺼리지 않으셨다.

〈8. 爰輯古圖 採紙執筆 度彼參此 分別內外祖宗傳世之久〉

이에 옛 도표를 모으고 종이를 골라 손수 붓을 잡아, 이것저것을 참고·대조하며 내외 조상의 세계가 전해 내려온 연대를 구별하셨다.

〈9. 使知積善之由也 其爲我子孫萬世 慮至甚遠也〉

이는 우리 가문이 덕을 쌓아온 까닭을 알게 하려는 것이며, 자손만대를 위하여 깊이 먼 장래까지 생각하신 것이다.

〈10. 若職諱之闕 正派之源 行乎宗族之(門 遍觀)屬籍 庶可以知之矣〉

설령 관직명과 이름이 빠진 부분이 있더라도, 바른 계통의 근원을 종족의 문중에서 따지고, 족보 문서를 두루 살펴본다면 대체로 알 수 있을 것이다.

〈11. 雖或不知 亦無害於此圖也〉

혹 알지 못하는 부분이 있더라도, 이 도표에는 아무런 해가 되지 않는다.

〈12. 建文三年 辛巳仲冬上旬 四月 不孝罪人 吳先敬 直夫 謹跋〉

건문 3년(1401) 신사년 음력 11월 상순 사 일째, 불효자식 직부(直夫) 오선경(吳先敬) 삼가 발문을 쓰다.

5.4 족도발(族圖跋) 주해 및 해석

- **발(跋)** : 책이나 서화 작품 끝에 덧붙여 쓰는 글. 제작·간행의 경위, 저자, 날짜, 감상 등을 기록함.
- **선군(先君)** : 돌아가신 아버지를 높여 부르는 말.
- **휘(諱)** : 돌아가신 어른의 이름을 높여 이르는 말.
- **궐(闕)** : 빠지다, 누락되다.
- **극본궁원(極本窮源)** : 근본을 철저히 추적하다.
- **소지(素志)** : 평소의 뜻, 오래 간직한 뜻.
- **내외조종(內外祖宗)** : 친가와 외가 조상.
- **소류구원(泝流求源)** : 물을 거슬러 올라가 근원을 찾아야 한다. 즉, 계보 연구는 근본을 추적하여야 함을 강조한 말.
- **건문(建文) 3년(1401)** : 명나라 혜제(惠帝)의 연호, 건문(建文) 3년. 조선 태종 원년(太宗 元年)에 해당함.
- **직부(直夫)** : 오선경의 자(字)
- **중동상순 사월(仲冬上旬 四月)** : 음력 11월 상순, 4일째.

6

해주오씨족도기(族圖記)

6.1 해주오씨족도기 개요

족도(族圖)는 가문의 계보를 그림이나 도표 형식으로 표현하여 가문의 계통 흐름과 친족 관계를 한눈에 알 수 있도록 만든 도식 족보를 가리킨다. 이에 비해 족도기(族圖記)는 족도와 관련하여 제작과 보존, 전승 과정, 그리고 가문 인물들에 대한 설명을 덧붙인 발문(跋文) 혹은 해설문이다.

『해주오씨족도기(族圖記)』는 해주오씨 13세 오희문(吳希文, 1539~1613)이 남긴 글로 우리나라 최초의 족보인 『해주오씨족도(族圖)』의 발견과 전승 과정을 기록한 문헌이다. 이 글은 오희문의 임진왜란·정유재란 피란 일기인 『쇄미록(瑣尾錄)』 가운데 1600년(선조 33, 경자년) 5월 5일 단오날의 기록 속에 실려 있으며, 족도의 유래와 제작, 보존과 복원 경위, 가문과 관련한 여러 설명이 함께 담겨 있다.

따라서 『해주오씨족도기』는 단순한 족보 자료를 넘어 조선 전기 족보의 형성과 계승 과정을 밝혀주는 귀중한 문헌으로 평가된다.

원본 『해주오씨족도』는 1401년(태종 1) 해주오씨 8세 오선경(吳先敬)이 완성한 것으로, 한국 족보의 효시로 인정된다. 그러나 세월이 흐르며 한동안 잊혔다가 약 200년 뒤 임진왜란 시기 후손 오희문에 의해 다시 발견되었고, 그는 이를 전사(傳寫)하여 후대에 전승하는 과정을 상세히 기록하였다. 그 결과 오늘날에도 해주오씨 가문의 선세(先世)를 확인할 수 있는 중요한 계기가 마련되었다.

『쇄미록(瑣尾錄)』은 오희문이 1591년(선조 24)부터 1601년(선조 34)까지 9년 3개월 동안 임진왜란과 정유재란을 피해 전국을 떠돌며 기록한 피란(避亂) 일기이다. 제목 '쇄미(瑣尾)'는 《시경(詩經)》 모구장(旄丘章)의 구절 "瑣兮尾兮 遊離之子(쇄혜미혜 유리지자)"에서 따온 것으로, '하찮고 자잘한 떠도는 사람'이라는 뜻을 담고 있다.
『쇄미록』은 난중일기(亂中日記), 징비록(懲毖錄)과 더불어 임진왜란 시기를 대표하는 3대 사찬사서(私撰史書)로 꼽히며, 현재 대한민국 보물 제1096호로 지정되어 있다.

이 『쇄미록』 속에 『해주오씨족도기』가 함께 기록되어 있다는 사실은 임진왜란이라는 국가적 위기 상황과 족보 전승의 역사가 교차하는 지점을 보여준다.

따라서 『해주오씨족도기』는 한국 최초의 족보인 해주오씨족도의 전승사를 증언하는 기록이자, 한국 족보사 연구의 출발점으로서 큰 의의를 지닌다. 나아가 『쇄미록』과 함께 살펴보면, 전란 속에서도 사대부 가문이 어떻게 가문의 정체성과 계보 의식을 유지·강화했는지를 잘 보여준다. 이처럼 『해주오씨족도기』는 가문사와 족보사, 전란사 연구가 만나는 교차 지점에서 중요한 자료적 가치를 지닌다.

오희문의 『쇄미록(瑣尾錄)』 제1~7책 필사본. 보물 제1096호

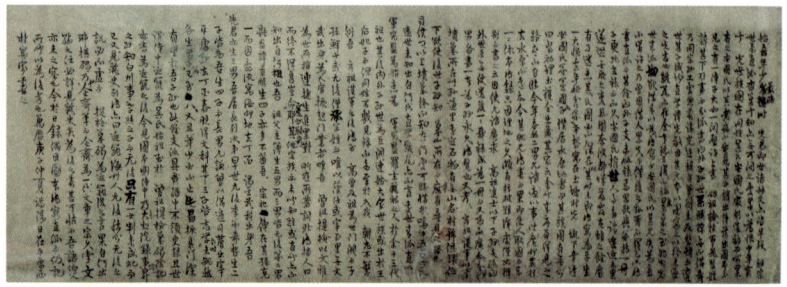

1600년 오희문의 『쇄미록(瑣尾錄)』 중 『해주오씨족도기(族圖記)』 원문

『해주오씨족도기(族圖記)』 요약

- **작성자** : 오희문(吳希文, 1539~1612)
- **작성 시점** : 1600년(선조 33, 경자년) 5월 5일 단오
- **작성 장소** : 강원도 평강(平康) 서촌(西村)
- **성격** ; 가문 해주오씨족도의 전승 과정, 집안 계통, 시조 문제 등을 기록한 일록(日錄) 형식의 족도 발문(跋文)
- **의의**
  - 족도의 제작·보존·전승 과정을 상세히 전한 기록
  - 임진왜란으로 인한 족도 소실과 재수습 과정을 보여주는 귀중한 사료
  - 가문의 내력, 시조 논쟁, 묘소 기록 등을 통해 후손에게 정체성과 계보 의식을 각인
  - 일록(日錄)으로 남겨 후손들에게 교훈적 의미 부여
- **주요 내용**
  - 족도의 원본 초안자 오광정(吳光廷)과 완성자 오선경(吳先敬)
  - 임진왜란 시 소실과 재발견, 필사·전승의 과정
  - 선조 묘소와 지파 계통 기록
  - 가문의 역사적 위치와 성쇠에 대한 평가
  - 시조 군기감 선대와 오연총 선조의 연대 관련 논의

6.2 해주오씨족도기(族圖記) 내용 흐름

1) 어린 시절의 한
작성자 해주오씨 13세 오희문(吳希文)의 아버지와 숙부들이 일찍 세상을 떠나 조종(祖宗) 즉 가문의 계보와 정체성의 세계를 알 수 없고 물을 데도 없어 늘 한스러워함.

2) 족도(族圖)의 발견
- 중년에 듣자니, 같은 성씨 오안국(吳安國)의 집에 족도가 있다는 말을 듣고 찾아감
- 안국씨 아들 오빈(吳馪)을 통해 확인, 한 장의 큰 장지(壯紙)에 그려진 족도를 보게 됨
- 시조는 검교군기감(檢校軍器監)으로 표기, 밑으로 직계/방계의 계통 · 관직 · 이름이 표시됨
- 초기 초안은 해주오씨 7세 공조전서 오광정(吳光廷)이 하고 이를 아들 오선경(吳先敬)이 이어 마침

3) 베끼지 못한 한
- 빌려 베끼려 했으나 분실 우려로 허락받지 못함
- 임진왜란 발발, 도성(都城) 소실, 족도도 소실된 줄 알고 평생 한으로 남음

4) 족도의 재발견
- 뒤에 동생 희철(希哲)이 오헌국(吳憲國)의 아들 오박(吳璞)을 통해 족도가 땅에 묻혀 보존되었음을 확인
- 아들 윤해(允諧)가 직접 수원에서 가져다가 베끼고, 불분명한 부분도 판독해 기록
- 이어 다시 보완하여 한 권의 책으로 편찬, 아들 네 명에게 각각 필사케 함

5) 묘소기록
- 고조 이하 묘소 위치, 산 명, 마을 명, 석물(石物) 유무까지 덧붙여 후손이 알 수 있게 함
- 다만 일부 선조의 묘소는 알 수 없어 애석하게 여김

6) 가문의 내력 평가
- 오씨는 대대 권문세족 벌열(閥閱)[12]이었으나 당대에 와서는 크게 번성하지 못함
- 음사(蔭仕) 덕으로 벼슬에 나가기도 했으나, 과거 급제 후 대관(大官, 큰 벼슬)이 된 이는 드물었음
- 증조 오계선(吳繼善, 제검)은 문아(文雅)[13]와 시부(詩賦)[14]로

---
12) 권세있는 문벌 가문
13) 글과 언행이 고상하고 품격있음
14) 문학적 표현과 수사능력을 대표하는 영역

명성이 높았으나 끝내 관직에 나아가지 못함

7) 집안 현황
- 조부 오옥정(吳玉貞, 주부), 다섯 아들 중 후사가 희박
- 아버지 오경민(吳景閔), 세 아들 중 자신이 장자. 동생 희철의 후손도 아직 어림
- 자신의 아들 윤겸(允謙)은 비변사 천거로 평강 현감, 뒤에 문과 급제. 후손이 늘어나기를 기원

8) 시조 문제의 고찰
- 세상에서는 시중(侍中) 오연총(吳延寵)을 시조라 하나, 고려사 열전에 후손 없음이 기록됨
- 족도에서는 대비원녹사 오승(吳昇)의 후손으로만 보임
- 따라서 "연총 후손"이라는 묘갈(墓碣)명 문구는 모순, 신기재(申企齋)가 쓴 묘갈의 출처를 의심

9) 결말
- 이 기록은 족도를 근거로 한 직파 계통과 자신이 들은 바를 정리한 일록(日錄)이라 밝힘
- 작성 날짜 1600년(경자년) 5월 5일, 단오, 장소 평강(平康) 서촌에서 씀

6.3 해주오씨족도기 원문(原文)

임진왜란·정유재란 시기의 피란 일기 『쇄미록(瑣尾錄)』 중 1600년(선조 33) 5월 5일, 단오에 오희문(吳希文)이 작성한 『해주오씨족도기(族圖記)』 원문은 다음 사진과 같다.

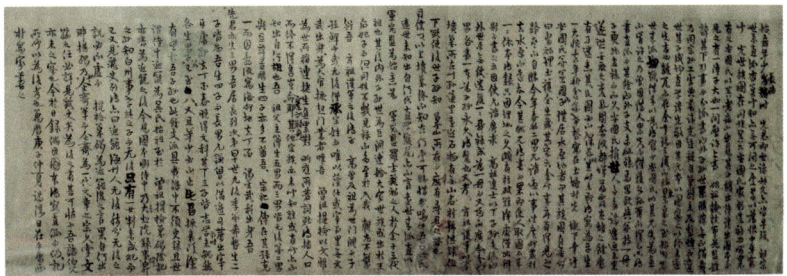

1600년 오희문의 『해주오씨족도기(族圖記)』 원문

『족도기(族圖記)』 원문(1)　　『족도기(族圖記)』 원문(2)

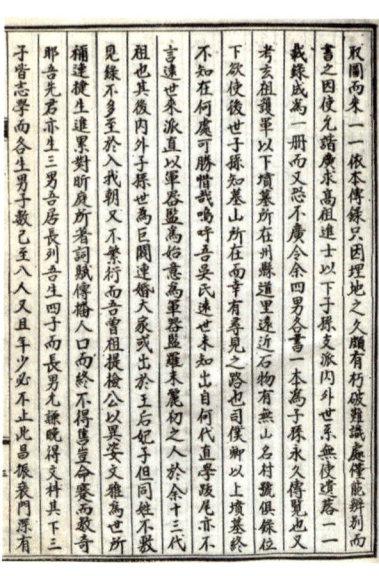

『족도기(族圖記)』 원문(3)

6.4 해주오씨족도기(族圖記) 원문 번역

임진왜란·정유재란 시기의 피란 일기 『쇄미록(瑣尾錄)』 중 1600년(선조 33) 5월 5일, 단오(端午)에 오희문(吳希文)이 작성한 『해주오씨족도기(族圖記)』 한자 원문을 번역하면 다음 내용과 같다.

내가 어리고 아무것도 모를 때 아버지께서 일찍 세상을 떠나셨고, 여러 숙부님들도 모두 일찍 돌아가셔서 조종(祖宗, 선대 조상)의 세계를 아득히 전해 듣기는 했으나 자세히 알 수 없었고, 물어볼 곳도 없어 늘 한스럽게 여겼다.

그런데 중년에 이르러 선세(先世)의 족도(族圖)가 동성(同姓) 오안국(吳安國) 공의 집에 있다는 말을 들었다. 이에 몸소 찾아갔더니 과연 족도가 있긴 했으나, 안국 공께서 병환으로 나오지 못하고 그 아들 오빈(吳䫨)이 나와 응접하였다. 내가 도본(圖本)을 보여 달라 청하니, 큰 장지(壯紙) 한 폭이 있었는데 크기가 방 한 칸 벽만 했다.

맨 위(上書)에는 시조(始祖)의 관직 검교군기감(檢校軍器監)과 성씨·휘(諱, 이름)를 쓰고, 그 아래로는 줄을 따라 내외(內外) 자손의 세계(世系), 직함, 이름이 빠짐없이 기재되어 있었다. 이는 곧 동종(同宗) 공조전서(工曹典書) 휘 광정(光廷)이 직접 만들다가 다 마치지 못하고 세상을 떠나자, 그 아들 성균직학(成均直學) 휘 선경(先敬)이 원본을 바탕으로 도표를 그려 마침내 아버지의 뜻을 완성한 것이었다. 말미에는 발문(跋文)도 있어 내가 세 번이나 거듭 읽었으나, 길이 사모하는 마음을 이기지 못하였다.

비로소 선세로부터 내려온 지파를 알게 되어, 빌려 베끼고자 간절히 원하였으나, 안국 공은 분실될까 염려하여 허락하지 않았다. 예전에도 남에게 빌려주었다가 여러 번 잃고 간신히 되찾은 적이 있었기 때문이다. 결국 부득이 직파(直派)만 베끼고, 나머지 내외 지손(支孫)은 다 기록하지 못했다. 그리하여 아우와 함께 책 한 권을 지니고 다시 가서 베끼려 하였으나, 얼마 뒤 안국 공께서 세상을 떠나고 집안에 일이 많아 미루다 끝내 실행하지 못하였다.

 이후 임진왜란(壬辰倭亂)을 당하여 온 나라가 소란하고 도성이 불타 잿더미가 되었으니, 남은 것이 없었을 터라 그 도본 또한 보존되지 못했을 것이라 생각하여, 그때 베끼지 못한 것을 평생의 한으로 여겼다.

 지난 가을, 아우 희철(希哲)이 토당(土塘) 선영 아래 머물다 안국공의 아우 헌국(憲國) 공의 아들 오박(吳璞, 수원 거주)을 만나 족도의 존부(存否)를 물으니, 예전에 땅에 묻어 온전하게 보존하여 지금 집에 간직하고 있다는 말을 들었다. 나는 그 소식을 듣고 얻어 볼 수 있다는 기쁨을 감출 수 없었다.

 올해 봄, 둘째 아들 윤해(允諧)가 마침 광주(廣州) 시골에 갈 일이 있었는데, 수원과 멀지 않아 가서 확인하고 베껴오라 하였다. 과연 사람을 시켜 족도를 가져다가 원본대로 일일이 베껴 기록하였다. 그러나 오랫동안 땅에 묻혀 있었으므로 썩고 훼손되어 판독이 어려운 곳이 많았으나, 간신히 판별하여 옮겼다고 한다.

 나는 다시 윤해에게 부탁하여 널리 고조(高祖) 진사 이하 자손의 지파와 내외 세계를 빠짐없이 모아 하나의 책으로 정리하게 하였다. 또 널리 전파되지 못할 것을 우려하여 내 아들 넷으로 하여금 각각 한 책씩 쓰게 하여 자손들이 영구히 전하도록 하였다.

아울러 현조(玄祖) 호군(護軍) 이하 조상 묘소가 있는 주군(州郡)과 거리가 멀고 가까운 것, 석물(石物)의 유무, 산과 마을의 이름 등을 모두 기록하여 후손들이 묘소의 위치를 알 수 있게 하였다.

그러나 사복시경(司僕寺卿) 오사렴(吳士廉, 해주오씨 7세), 그리고 나 오희문(希文)의 직계 선조의 묘소는 끝내 알 수 없으니, 애석하기 이를 데 없다.

아, 우리 오씨(吳氏)는 대수가 멀어 어느 대에서 비롯되었는지 분명치 않다. 직학(直學) 사인 오선경(吳先敬)의 족도 발문에서도 원세(遠世)[15]의 내력은 말하지 않고 곧바로 군기감(軍器監, 시조 오인유)으로부터 시작하였다. 군기감은 신라 말 고려 초 사람으로 내게는 13대조가 되는 듯하다. 그 후 내외 자손이 대마다 문벌(門閥, 명문가)을 이루고 대대로 벼슬하며 세력 있는 집안들과 혼인하여 혹 왕후비(王后妃)의 따님이 나오기도 했다. 다만 동성(同姓)이 널리 퍼지지 않아 여기에 기록된 것이 많지 않았다.

조선조에 들어와서는 더욱 번창하지 못하여, 현조(玄祖) 호군(護

---

15) 먼 오래된 세대

軍) 이후로 고조·증조 및 조고(祖考)에 이르러서는 대대로 문벌(文閥)이요 벼슬 집안이었으나, 자손이 드물고 후사가 없어 겨우 종성(宗姓)을 이을 뿐이었다.

조상의 벼슬과 공훈 덕분에 과거 시험을 거치지 않고 음사(蔭仕)로 벼슬길에 나아가 작은 고을 수령이 된 예는 있었으나, 문무과에 급제하여 대관(大官)이 되어 가업을 떨친 이는 없었다.

다만 우리 증조 제검(提檢) 오계선(吳繼善)께서는 문아(文雅)한 기품을 지니시고 세상의 칭송을 받았으며, 생원·진사에 장원으로 급제하여 여러 차례 조정에 나아갔고, 지은 시부(詩賦)가 사람들의 입에 널리 전해졌다. 그러나 끝내 관직에 나아가지 못하였으니 운명이 기구했다고 할 것이다. 그 밖의 종족(宗族)에 대해서는 전해 듣지 못했고, 설령 들은 것이 있더라도 어느 조상에서 비롯되었는지는 알 수 없었다.

우리 조부(祖父) 주부(主簿) 오옥정(吳玉貞)께서는 다섯 아들을 두셨으나 세 분은 후사가 없고, 둘째 아드님 현감 경순(景醇, 신령공)께서는 네 아들을 두었으나 크게 번성하지 못하였다. 종가의 제사는 그 손자 극일(克一)에게 이어졌으나, 난리로 떠돌다 해주 땅에 머물렀고, 지난 정유년에는 알성무과(謁聖武科)에 급제하였다.

우리 아버지(先君) 오경민(吳景閔)께서도 세 아들을 두셨는데, 내가 장자이고 둘째 아우는 일찍 세상을 떠나 후사가 없었으며, 막내 희철(希哲)에게 두 아들이 있으나 아직 어리다.

나는 네 아들을 두었는데, 장자 윤겸(允謙, 추탄공)은 비변사(備邊司)의 천거로 강원도 평강(平康) 현감이 되었다가, 지난 정유년 봄 늦게 문과에 급제하였다. 그 아래 세 아들은 모두 학문에 뜻을 두었으나 아직 벼슬하지는 않았다. 그러나 이미 각각 아들을 두어 그 수가 여덟에 이르렀고, 아직 젊으니 더 늘어날 것이며, 쇠미(衰微)한 가문을 다시 일으키기를 손자들에게 깊이 바란다. 나머지 지파는 이미 족보에 실려 있으므로 여기서는 기록하지 않는다.

세상에서는 시중(侍中) 오연총(吳延寵)을 오씨의 시조라 하며, 증조 제검 계선(繼善)의 묘갈(墓碣) 뒷면에도 연총의 후손이라 기록되어 있다. 그러나 족도를 살펴보니, 시중 연총은 대비원녹사(大悲院錄事) 오승(吳昇)의 손자로, 지백주사(知白州事) 효순(孝純)의 아들인데, 후사가 없고 딸 하나만이 판서 성기(成紀)에게 출가했을 뿐이었다.

또한 『고려사(高麗史)』 열전에 따르면 연총은 본관이 해주(海州)이나 후사가 없었다고 한다. 그렇다면 후사가 없다는 말이 허위는 아닐 터인데, 제검 묘갈에 연총의 자손이라 기록된 것은 어찌된 연유인가. 묘갈문을 지은 이는 신기재(申企齋)인데, 그는 당시

문장의 대가로 오래도록 문한(文翰)[16]을 맡았으니, 『고려사』를 자세히 보았을 것이다. 그런데도 그 자손이라 기록한 것은 매우 이상한 일이며, 여러 백부님들 또한 이를 제대로 살피지 못하였다.

이에 나는 일록(日錄)에 우연히 도본을 근거로 직파를 베껴 쓰고, 들은 바를 이어 기록하여 후손들이 참고할 자료로 삼고자 한다.

만력(萬曆) 경자년(1600, 선조 33) 중하(仲夏) 단양일(端陽日)에 평강(平康) 서촌의 머무는 집에서 쓰다.

6.5 해주오씨족도기(族圖記) 번역문 주석(注釋)

1) 주요 인물
- **오희문(吳希文, 1539~1613)** : 해주오씨 13세. 『쇄미록(瑣尾錄)』, 『해주오씨족도기(族圖記)』 작성자
- **오광정(吳光廷)** : 해주오씨 7세. 관직은 공조전서(工曹典書). 족도의 최초 작성자.
- **오선경(吳先敬, 1374~1419)** : 오광정의 아들. 관직 성균직학(成均直學), 사인(舍人). 부친의 뜻을 이어 1401년 『해주오씨족도(族圖)』를 완성함.
- **오안국(吳安國)** : 해주오씨 13세, 문중의 일원으로, 족도(族

---
16) 문서 작성관리 담당 관원

圖)의 원본을 보관하던 인물. 사복시경(司僕寺卿) 공파

- **오빈(吳穦)** : 오안국의 아들. 병환 중인 부친 대신 오희문을 맞이하여 족도를 보여준 인물.
- **오헌국(吳憲國)** : 해주오씨 13세, 오안국의 아우. 그의 아들 오박(吳璞)이 족도의 존부(存否)를 알림.
- **오윤해(吳允諧)** : 해주오씨 14세, 오희문의 둘째 아들. 수원에 가서 족도를 확인·필사함. 병자호란 삼학사 오달제(吳達濟)의 부친
- **오계선(吳繼善, 제검 提檢)** : 해주오씨 10세, 오희문의 증조. 문학적 기품과 명망이 높았으나 관직에 오르지 못함.
- **오옥정(吳玉貞, 주부 主簿)** : 해주오씨 11세, 오희문의 조부. 다섯 아들을 두었으나 후사가 번성하지 못함.
- **오경민(吳景閔)** : 해주오씨 12세, 오희문의 부친. 세 아들을 두었으며 오희문은 장자.
- **오연총(吳延寵, 시중 侍中)** : 해주오씨 7세. 일부에서 오씨의 시조로 인식했으나 후사가 없어 족도 기록과 상충됨. 고려조 문양공 오연총(吳延寵, 1055~1116)과 다름
- **오승(吳昇)** : 해주오씨 5세, 대비원녹사(大悲院錄事). 오연총의 조부.
- **오효순(吳孝純)** : 해주오씨 6세, 지백주사(知白州事). 오연총의 부친.

- 신기재(申企齋, 1487~1554) : 명문장가. 『고려사』를 근거로 오연총 묘갈문을 지음.

2) 관직 및 제도
- 검교군기감(檢校軍器監) : 고려 시대 군수품·무기 관리 관청.
- 공조전서(工曹典書) : 고려·조선의 공조(工曹, 토목·건축 담당 부서) 정3품 관직.
- 성균직학(成均直學) : 성균관의 학직(學職).
- 사인(舍人) : 고려·조선 관직. 조선시대 의정부 정4품의 관직
- 호군(護軍) : 무관 직함. 정5품.
- 주부(主簿) : 조선시대 관서의 문서와 부적(符籍)을 주관하던 종6품 관직
- 현감(縣監) : 최하위 지방 행정구역 단위였던 현(縣)의 종6품직 관직.
- 비변사(備邊司) : 조선 중·후기 의정부를 대신하여 국정 전반을 총괄한 실질적인 최고의 관청.
- 제검(提檢) : 조선시대 여러 관서의 정·종4품 관직.
- 사복시경(司僕寺卿), 사복경 : 고려·조선 시대 말·수레·역참·교통 업무 담당 관청(사복시)의 우두머리
- 녹사(錄事) : 고려와 조선 초기에 중앙의 여러 관서에 설치된 하위관직.

3) 사건 및 시대 배경

- **임진왜란(壬辰倭亂, 1592~1598), 정유재란(丁酉再亂, 1597~1598)** : 일본의 침략으로 조선이 큰 피해를 입은 전쟁. 이때 족보·족도 등 문헌이 크게 소실됨.
- **『쇄미록(瑣尾錄)』** : 오희문이 임진왜란·정유재란 피란 중에 기록한 일기체 문헌. 전란 속에서의 체험을 자세히 전함.
- **건문(建文, 1399~1402)** : 명나라 혜제(惠帝)의 연호. 『해주오씨족도』의 편찬 연대인 1401년이 해당.
- **만력(萬曆, 1573~1620)** : 명나라 신종(神宗)의 연호. 오희문이 『족도기』를 기록한 1600년이 이에 해당.

4) 족보·문헌 관련 용어

- **족도(族圖)** : 계보를 도표 형식으로 그린 것. 족보의 원형.
- **족보(族譜)** : 성씨 가문의 계통을 기록한 책.
- **직파(直派)** : 자기 직계 조상에서 이어진 혈통 계통.
- **지손(支孫)** : 방계 후손.
- **발문(跋文)** : 책이나 그림 말미에 붙여 쓰는 글. 제작 경위, 감상 등을 기록.
- **묘갈(墓碣)** : 묘비명. 무덤의 주인공에 대한 생애·행적 기록.
- **일록(日錄)** : 날마다 기록한 글. 오희문은 족도 관련 사실을 일록으로 정리함.

6.6 해주오씨족도기(族圖記) 작성자 오희문(吳希文)

　임진왜란·정유재란 시기의 피란 일기 『쇄미록(瑣尾錄)』을 저술한 오희문(吳希文, 1539~1612)은, 우리나라 최초의 족보인 『해주오씨족도(海州吳氏族圖)』의 발견과 전승 과정을 기록한 『해주오씨족도기(族圖記)』의 작성자이기도 하다.

　『족도기』는 단순한 족도의 설명을 넘어, 가계의 원류 탐색과 시조 논쟁, 그리고 전란으로 인한 족보의 소실과 재수습 과정을 후대에 전하기 위해 작성된 귀중한 사료라 평가된다.

　따라서 오희문은 『쇄미록』을 통해 난리 속 개인의 체험을 기록했을 뿐 아니라, 『족도기』를 통해 가문의 계보 의식과 족보문화의 전승을 역사적으로 증언한 인물로 자리매김한다.

　이에 따라, 『쇄미록』과 『족도기』의 저자인 오희문(吳希文)의 인물과 가계(家系) 배경을 정리하면 다음과 같으며, 아래에는 오희문(吳希文) 중심 계보도(系譜圖)를 함께 제시한다.

《쇄미록》『해주오씨족도기』 작성자『오희문(吳希文)』

- **인물 개요**
  - 본관 : 해주(海州)
  - 호(號) : 비연(斐然)
  - 생몰 : 1539년 ~ 1613년 (74세)
  - 신분 : 조선 중기의 문신, 문인
  - 묘소 : 경기도 용인시 처인구 모현읍 오산리 산 5
- **가계**
  - 조부 : 오옥정(吳玉貞, 석성 현감)
  - 부 : 오경민(吳景閔, 장성 현감)
  - 모 : 남인(南寅)의 딸
  - 처 : 연안이씨(延安李氏), 이석형(李石亨)의 증손녀
  - 외조부 : 익양군(益陽君) 이회(李懷)
  - 자녀 : 4남(1자 윤겸, 2자 윤해, 3자 윤함, 4자 윤성), 3녀
  - ※ 1자 추탄 윤겸(允謙) 영의정 역임, 2자 윤해(允諧)의 3남 달제(達濟), 병자호란 때 삼학사(三學士)의 한 사람
- **활동 및 관직**
  - 출생・성장 : 외가인 충북 영동 황간에서 태어나 유년 시절을 보냄. 이후 서울 관동(館洞, 현 명륜동) 거주.
  - 관력 : 과거에 급제하지 못해 관직에 오르지 못했으나, 아들 오윤겸(吳允謙, 영의정)의 출세 덕분에 선공감(繕工監) 감역에 제수되고 영의정에 증직됨.
- **주요 활동**
  - 임진왜란 정유재란 난을 겪으면서 쓴 기행 일기 『쇄미록(瑣尾錄)』 작성
  - 1600년(선조 33) 5월 5일 쇄미록 내에 『해주오씨족도기(族圖記)』 작성

《쇄미록》『해주오씨족도기』 작가 오희문(吳希文) 중심 계보도(系譜圖)

7 해주오씨족도(族圖) 관련 논문

우리나라 최초의 족보인 『해주오씨족도(海州吳氏族圖)』는 1987년 7월 14일 MBC의 보도를 계기로 학계와 사회에 널리 알려졌다. 이때부터 『해주오씨족도』에 대한 학문적 연구와 인용이 지속적으로 이루어져 왔으며, 그 결과 여러 편의 논문이 발표되었다. 이들 연구는 족도의 발간 경위와 구성, 선대 파악의 방식, 족보적 반영 양상 등을 심층적으로 분석하고 있으며, 아울러 해주오씨 가문이 우리나라의 대표적인 명문가로 자리매김할 수 있었던 역사적 사실과 근거를 제시하고 있다.

우리나라 족보는 세계적으로도 그 유례를 찾기 어려울 만큼 발달되어 있으며, 계보학(系譜學)의 종주국으로 평가된다. 가문마다 족보를 문헌의 형태로 편찬하고 오랜 세월 전승해 온 예는 세계적으로도 드물다. 따라서 최초의 족보인 『해주오씨족도』에 대한 연구는 우리 족보 문화의 뿌리를 확인하고, 이를 계승·발전시켜 나가는 데 중요한 의의를 지닌다. 더 나아가 국가 차원에서 한국의 족보를 유네스코(UNESCO, 국제연합 교육·과학·문화기구) 세계 기록유산으로 등재하여, 계보학 종주국으로서의 위상을 확립하는 과제 또한 제기된다.

이와 관련하여, 『해주오씨족도』를 중심으로 한 대표적인 연구 논문은 세 편으로 요약할 수 있다.

〈논문 1〉『해주오씨족도고(海州吳氏族圖考, Genealogical Table of the Haeju O Clan)』

- **저자** : 정재훈(鄭在勳, Jae Hoon Jung)
- **발표일** : 1989년 2월
- **학술지** : 《동아연구》제17집 (서강대학교 동아연구소)
- **분량** : 26쪽
- UCI : I410-ECN-0102-2009-910-003777556
- 이 논문은 『해주오씨족도』의 편찬 배경과 성격을 최초로 학문적으로 정리한 연구 성과로, 한국 족보사 연구에 중요한 출발점을 마련하였다.

〈논문 2〉 『조선 초기 가계기록(家系記錄)에 대한 일고찰/
해주오씨족도를 중심으로』

- **저자** : 오영선(서울시립대학교)
- **발표일** : 2001년
- **학술지** : 《전농사론(典農史論)》 제7집 (서울시립대학교 국사학과)
- 이 논문은 조선 초기에 나타난 가계 기록의 특징을 고찰하면서, 『해주오씨족도』가 후대 족보 편찬에 끼친 영향과 의의를 분석하였다.

〈논문 3〉 『조선 시기 선대(先代) 파악 방식의 족보 반영 양상/
해주오씨족도(族圖)를 중심으로』

- **저자** : 김현영(Kim Hyunyoung, 낙산고문헌연구소 소장)
- **발표일** : 2017년 7월 14일
- **학술지** : 《한국계보연구》 (한국계보연구회)
- **분량** : 32쪽
- 이 논문은 조선시대 사람들이 선대를 어떻게 인식하고 파악했는지를 족보에 반영된 방식으로 고찰하면서, 『해주오씨족도』가 가지는 사상적·문화적 의미를 새롭게 조명하였다.

이처럼 세 편의 논문은 모두 『해주오씨족도(族圖)』가 한국 최초의 족보임을 공통적으로 확인하고 있으며, 나아가 조선 초기 족보 편찬의 동기와 방법, 그리고 가문의 역사적 정체성을 드러내는 방식을 분석하고 있다.

이를 통해 『해주오씨족도』는 단순한 가계 기록을 넘어, 우리나라 족보 문화의 기원과 발전 과정을 이해하는 데 중요한 학술적 기반이 되고 있음을 알 수 있다.

8
해주오씨족도 관련 논문 1
해주오씨족도고(海州吳氏族圖考)

〈논문 개요〉

- 제목 ; 해주오씨족도고(海州吳氏族圖考, Genealogical Table of the Haeju O Clan)
- 저자 ; 정재훈(鄭在勳, Jae Hoon Jung)
- 발간일 ; 1989년 2월
- 학술정보지 ; 『동아연구』vol. 17313-338 서강대학교 동아연구소
- 쪽수 ; 26p(쪽)
- UCI ; I410-ECN-0102-2009-910-003777556
- 목차
  1. 머리말
  2. 현전경위(現傳經緯)
  3. 구성 내용
  4. 맺음말

저자 정재훈 교수
- 서울대학교 문학박사
- 경상국립대학교 사학과 교수
- 경상국립대학교 박물관장
- (사)중앙아시아학회 회장 역임
- 저서 '위구르 유목 제국사' 등 다수

우리나라 최초의 족보 『해주오씨족도(族圖)』는 1987년 7월 14일 MBC의 보도를 통해 세상에 알려진 후 학계의 관심을 불러일으켰다.

그로부터 1년여 후, 정재훈 교수는 현장 확인과 소장자 인터뷰, 실물 조사와 분석을 거쳐 1989년 2월 서강대학교 동아연구소 학술지 《동아연구》 제17집에 『해주오씨족도고(海州吳氏族圖考, Genealogical Table of the Haeju O Clan)』라는 제목의 논문을 발표하였다.

이 논문은 『해주오씨족도』에 관하여 최초로 체계적이고 학술적인 고찰로, 이후 족보 연구의 중요한 기반이 되었다.

본 논문은 족도뿐만이 아니고 해주오씨 가문 전반의 계통 및 족보 전체를 근거 있는 자료로 전문가입장에서 비교적 소상하게 작성된 소중한 논문이다.

논문은 총 26쪽 분량으로 1. 머리말 2. 현전경위(現傳經緯) 3. 구성 내용 4. 맺음말로 되어 있다.

제1장 머리말

논문의 제1장 「머리말」에서는 『해주오씨족도(海州吳氏族圖)』의 크기(가로 112㎝, 세로 115㎝)와 작성 방식, 명칭과 형식, 그리고 현전하는 자료의 가치가 논의되었다.

저자는 『해주오씨족도(族圖)』가 기록으로만 전해오던 것을 1987년 7월 14일 MBC의 보도를 통해 세상에 알려진 후 소장자를 통해 실물을 직접 확인한 사실과 그 학술적 가치를 소개하였다.

이어서 족도 실물 분석을 통해 고려 말·조선 초 가계 기록의 방식을 복원하고, 한국 계보사(系譜史) 연구에 기여할 수 있음을 밝혔다.

제2장 현전경위

논문 2장 현전경위(現傳經緯)에서는 한국 최초의 족보로써 현재까지 양호하게 전해오는 과정을, 자료를 중심으로 밝히고 있다.

우선 『해주오씨족도(族圖)』가 언제 누구에 의해서 어떤 의도로 작성되는 것이 급선무로 보이는데, 이는 족도의 맨 아래쪽 족도발

(跋)에 게재된 내용에서 비교적 상세하게 소개하고 있다.

이 부분은 본 책자 '5장 해주오씨족도 족도발(族圖跋)'에서 한자 원문과 해석을 자세히 설명하였다.

작성 요지는『해주오씨족도(族圖)』의 처음 초안은 해주오씨 7세 전서(典書) 오광정(吳光廷)이 하고 완성은 이를 바탕으로 오광정의 2남 사인(舍人) 오선경(吳先敬)에 의하여 1401년(태종 1) 11월, 부자(父子) 2대에 걸쳐 노력한 결과로 만들어진 것이다.

작성 의도(意圖)는 후대 자손들에게 가문의 유구(悠久)[17]함과 적선(積善)[18]한 이유를 알리려는데, 있었다.

이렇게 만들어진『해주오씨족도(族圖)』는 행방을 모르다가 200여 년 후 해주오씨 13세 오희문(吳希文, 1539~1613)의 임진왜란 피란(避亂) 기록인『쇄미록(瑣尾錄)』중 1600년 5월 5일『족도기(族圖記)』에 조선 전기 오선경이 그린 족도를 발견하고 전사(傳寫)하는 과정에 대하여 비교적 상세하게 기술 함으로서 알려지게 된다.

이 부분은 본 책자 '6장 해주오씨족도 족도기(族圖記)'에서 한자 원문과 해석문, 내용 흐름, 주석 등을 자세히 설명하였다.

---

17) 아득히 멀고 오래됨, 시간적으로 길고 끊임없음
18) 선행(덕)을 끊임없이 쌓아가는 과정

그리고 2025년 현재 『해주오씨족도(族圖)』를 소장하고 있는 분은 족도(族圖) 초안 작성자 해주오씨 7세 전서(典書) 오광정(吳光廷)의 19대손인 해주오씨 26세 오종환(吳宗煥) 씨가 조부 오성영(吳聖泳), 부친 오자근(吳自根), 형 오경환(吳璟煥)을 거쳐 소장(所藏)하고 있다.

제3장 구성 내용

『해주오씨족도(族圖)』 구성 내용은 한 장의 장지(壯紙)에 표제(表題), 발문(跋文) 그리고 해주오씨 가계(家系)뿐만, 아니라 가문의 직접 간접으로 통혼(通婚)[19]을 맺은 내외가계(內外家系)를 이루는 인물(人物)의 가계까지 망라한 내용으로 구성되어 있고 마지막에 발문(跋文)이 있다.

따라서 연구자는 방대한 족도 내용을 아홉 개(No 1~9) 영역으로 나누어 분석하였다.

영역 구분 중 No 1영역은 표제(表題), No 9는 발문(跋文, 발간취지), No 3은 첨록(添錄) 내용을 담고 있다.

---

19) 두 집안 사이에 서로 혼인 관계를 맺음

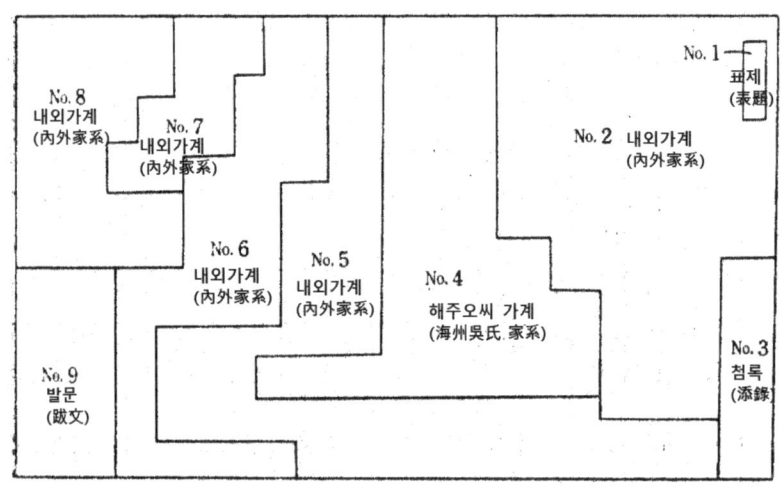

『해주오씨 족도(族圖)』의 구성 영역

No 1영역은 표제로『해주오씨족도(族圖)』제목과 "전서공휘광정초창(典書公諱光廷草創), 사인공휘선경도사(舍人公諱先敬圖寫)"라고 되어 있다.

No 9영역은 발문(跋文)으로 '해주오씨족도(族圖)' 발간 동기와 경위를 밝혔다.

가장 주된 중심인 No 4영역은 해주오씨 가계(家系)로 '해주오씨 시조 오인유(吳仁裕)에서 9세 오축(吳軸), 오륜(吳輪)까지 가계(家系)' 내용으로 되어 있다.

주된 4영역 해주오씨 가계에 게재된 시조 오인유 공에 대해서는 해주오씨족보로서는 처음으로 간행되는 1634년(인조 12년) "해주오씨(수양오씨) 갑술보(甲戌譜)"에서부터 시조로 나온다. 이때부터 『해주오씨족도』를 근거로 이후, 지금까지 해주오씨 시조는 고려 검교군기감(檢校軍器監) 인유(仁裕) 공으로 나오게 되는 것이다.

그 외 No 2, No 5, No 6, No 7, No 8영역은 해주오씨 가계와 통혼(通婚)을 맺은 내외가계(內外家系)를 좌우로 배치 구성한 것이다.

해주오씨 가계와 통혼을 맺은 내외가계(內外家系)를 영역별로 요약하면 다음과 같다.

No 2는 수태사중서령(守太師中書令) 임원후(任元厚) 가계로 해주오씨 4세 오찰(吳札), 5세 오승(吳昇)과 관련되어 있다. ※정안임씨(定安任氏) = 장흥임씨(長興任氏)

No 5는 예부시랑(禮部侍郎) 김신우(金信祐)의 가계로 5세 오승(吳昇)이 경주김씨 김신우의 사위가 되기 때문이다. ※경주김씨(慶州金氏)

No 6은 국자제주(國子祭酒) 최루백(崔婁伯)의 가계(家系)로 4세 오찰(吳札)은 사위가 된다. ※ 수원최씨(水原崔氏)

No 7은 예빈경(禮賓卿) 민지녕(閔志寧)의 사위에 관한 내용으로 3세 오민정(吳民政)과 관련 있다. ※ 여흥민씨(驪興閔氏)

No 8은 재신(宰臣) 기수전(奇守栓)의 가계로 5세 오승(吳昇)과 연관된다. ※ 행주기씨(幸州奇氏)

지금까지 해주오씨족도 구성 통혼도(通婚圖)를 요약하면
　해주오씨 3대(3세 민정, 4세 찰, 5세 오승)에 걸쳐 채춘[蔡椿, 평강(平康)], 최루백(崔婁伯, 수원), 김봉모(金鳳毛, 경주)와는 직접적으로 관계되고, 민지녕(閔志寧, 여흥), 최서[崔瑞, 직산(稷山)], 임원후[任元厚, 정안(定安)=장흥(長興)], 최윤풍(崔允灃, 전주), 기수전[奇守栓, 행주(幸州)], 민식(閔湜, 여흥)의 집안과는 간접적으로 상호 혼척관계(婚戚關係)를 맺고 있었다.

　이와 관련된 계통을 도표로 표시하면 다음과 같다.

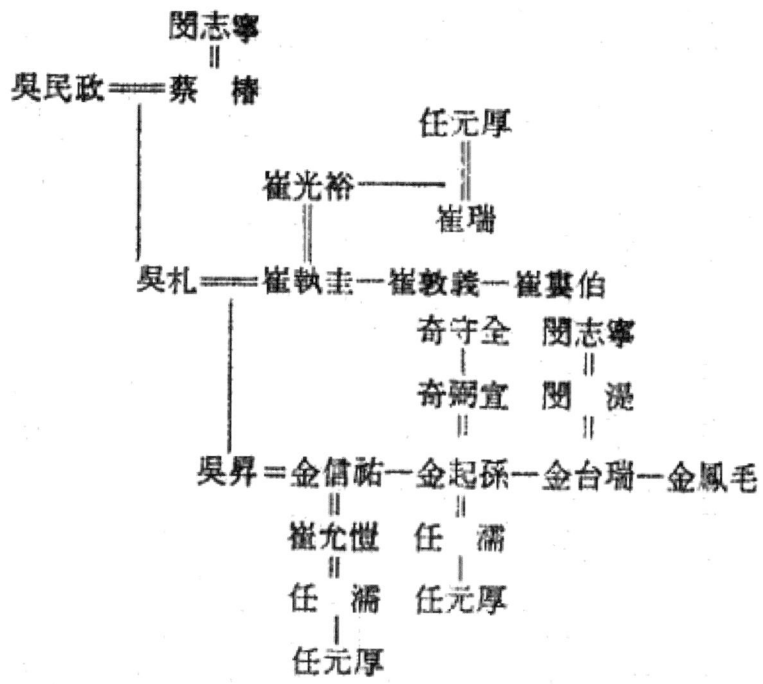

『해주오씨족도』에 표시된 통혼권도(通婚圈圖)

지금까지 알아본 해주오씨족도의 구성 배치 의미는 족보가 보편화되기 전에 족보에 가계(家系)를 어떠한 방법과 형식으로 기록하였을까 하는 의문을 해소하게 해주는 좋은 자료가 되는 것이다.

지금까지 해주오씨족도가 가지고 있는 전체적인 특징은

첫째 정면 중앙부 No 4영역에 '해주오씨 가계'를 그리고 그 좌우에 통혼권(通婚圈)을 이루고 있는 집안의 가계를 배치하여 해주오씨와 직접 간접적으로 혼척관계를 모두 밝히고 있다.

둘째로는 3세 오민정(吳民政), 4세 오찰(吳札), 5세 오승(吳昇)까지는 처가의 선계(先系)를 상세히 밝히고 있지만, 6세 이후는 자(子)와 여(女)/사위(壻)만을 소개하였다.

셋째 5세 오승(吳昇) 대(代) 이후는 자(子)와 여(女)/사위(壻)를 매번 중복하여 기록하였다.

넷째 해주오씨는 물론 그 통혼가(通婚家)의 선조와 자손 및 여(女)/사위(壻) 관직까지도 상세히 표기하였다.

다섯째 자(子) 여(女)/사위(壻)를 남녀 구분하지 않고 출생 순서대로 표기하였으며 친손과 외손 모두 기록하였다는 점 등이 특징으로 지적할 수 있다.

『해주오씨족도』에서 시조 오인유(吳仁裕) 공에서 9세 선조까지 기술된 개인별 내용은 다음 표와 같다.

番號	人名	本貫	官職	家系	備考
1	吳仁裕	海州	檢校軍器監		
2	吳周裔	〃	內庫副使	吳仁裕의 子	
3	吳民政	〃	秘書監	吳周裔의 子, 蔡椿의 女壻	
4	吳札	〃	檢校尙書左僕射行大子詹事	吳民政의 子, 崔執圭의 女壻	檢校尙書左僕射行太子詹事(『高麗史』)
5	吳昇	〃	追封中正大夫典客寺令東大悲院錄事	吳札의 子, 金信祐의 女壻	
6	吳孝成	〃	大護軍	吳昇의 長子	
7	朴仁海		安東判官	吳孝成의 女壻	
8	尹東明	茂松	起居奏	朴仁海의 〃	起居注(『高麗史』)
9	宗文	〃	佐郞	尹東明의 長子	
10	禹洪壽	丹陽	宰臣	〃 女壻	
11	許珙	孔岩	大卿	〃 〃	
12	李來	慶州	諫議	〃 〃	
13	尹宗貞	茂松		〃 子	
14	權方祐		大護軍	〃 女壻	

番號 번호	人名 인명	本貫 본관	官職 관직	家系 가계	備考 비고
1	오인유	해주	검교군기감		
2	오주예	해주	내고부사	오인유의 자	
3	오민정	해주	비서감	오주예의 자, 채춘의 여서	
4	오 찰	해주	검교상서좌복사행대자첨사	오민정의자, 최집규의 여서	검교상서좌복사행대자첨사 (『고려사』)
5	오 승	해주	추봉중정대부 전갹사령동대비원록사	오찰의 자, 김신위의 여서	
6	오효성	해주	대호군	오승의 장자	
7	박인해		안동판관	오효성의 여서	

8	윤동명	무송	기거주 (起居奏)	박인해의 여서	기거주 (『고려사』)
9	윤송문	무송	좌랑	윤동명의 장자	
10	우홍수	단양	재신	윤동명의 여서 (女壻)	
11	허 분	공암	대경	윤동명의 여서 (女壻)	
12	이 래	경주	간의(諫議)	윤동명의 여서 (女壻)	
13	윤종정			윤동명의 자	
14	권방우	무송	대호군	윤동명의 여서 (女壻)	

『해주오씨족도』의 시조에서 9세까지 개인별 기록 내용(1)

15	吳孝純	海州	知白州	吳昇의 二子	
16	李 昉	延安	典法判書	孝純의 長女壻	
17	金 鼎	光州	密直副使	李昉의 女壻	
18	金若時	〃	書雲正	金鼎의 長子	
19	金若采	〃	藝文春秋館學士	〃 二子	
20	金若恒	〃	光城君	〃 三子	
21	金 陞	安東	中樞院副使	〃 女壻	
22	吳延寵	海州	判事	吳孝純의 子	
23	曺			吳延寵의 女先壻	
24	成 紀	昌寧	判書	〃 女壻	
25	曺 軫		淮陽府使	〃 의 女先壻 (23)의 子	
26	成守良	昌寧	砥平監務	成紀의 二子	
27	成守敬	〃	珍元監務	〃 三子	
28		〃		〃 四女	
29	李龜縮		大護軍	吳孝純의 三女壻	無后
30	洪植松		權務	吳孝純의 四女壻	洪田善(『海州吳氏 世譜』)
31	洪由善		判事	洪植松의 子	

番號 번호	人名 인명	本貫 본관	官職 관직	家系 가계	備考 비고
15	오효순	해주	지백주	오승의 2자	
16	이 방	연안	전법판서	효순의 장여서	
17	김 정	광주	밀직부사	이방의 여서	
18	김약시	광주	서운정	김정의 장자	
19	김약채	광주	예문춘추관학사	김정의 2자	
20	김약환	광주	광성군	김정의 3자	
21	김 승	안동	중추원부사	김정의 여서	
22	오연총	해주	판사	오효순의 자	
23	조			오연총의 여선서	
24	성 기	창녕	판사	오연총의 여서	
25	조 진		회양부사	오연총의 여선서 (23)조의 자	
26	성수량	창녕	지평(砥平)감무	성기의 2자	
27	성수경	창녕	진원감무	성기의 3자	
28				성기의 4녀	
29	이귀숙		대호군	오효순의 3여서	
30	홍식송		권무	오효순의 4여서	
31	홍유선		판사	홍식송의 자	

『해주오씨족도』의 시조에서 9세까지 개인별 기록 내용(2)

32	吳孝冲	海州	內侍豊儲倉丞	吳昇의 三子	
33	吳士雲	〃	泰安郡事	吳孝冲의 長子	
34	吳顗	〃	軍器少尹	吳士雲의 長子	
35	金睦		司直	吳顗의 女壻	
36	吳軸	海州	萬戶	〃 子	
37	黃士諫	尙州	學諭	〃 女壻	黃士幹(『海州吳氏世譜』)
38	吳輪	海州	副司直	〃 子	
39	朴祁	竹山	平壤少尹	吳士雲의 女壻	
40	朴自晤	〃	正郞	朴祁의 子	
41	朴自穎	〃	司直	〃	

番號 번호	人名 인명	本貫 본관	官職 관직	家系 가계	備考 비고
32	오효충	해주	내시풍저창(豊儲倉)승	오승의 3자	
33	오사운	해주	군기소윤	오효충의 장자	
34	오 현	해주	밀직부사	오사운의 장자	
35	김 목		사직	오현의 여서	
36	오 축	해주	만호	오현의 자	
37	황사간	상주	학유(學諭)	오현의 여서	황사헌(해주오씨세보)
38	오 륜	해주	부사직	오현의 자	
39	박 기	죽산	평안소윤	오사운의 여서	
40	박자오	죽산	정랑	박기의 자	
41	박자영	죽산	사직	박기의 자	

『해주오씨족도』의 시조에서 9세까지 개인별 기록 내용(3)

42	李伯由	全州	中樞學士	吳士雲의 女壻	
43	吳士廉	海州	書雲副正	吳孝冲의 二子	
44	吳孝慶	〃	內侍提控	吳士廉의 長子	
45	吳孝保	〃	直長同正	〃 二子	
46	吳光廷	〃	工曹典書	吳孝冲의 三子	海州吳氏族圖草案者
47	趙 偰		原州判官	吳光廷의 長女壻	
48	吳善敏	海州	別長	〃 子	
49	崔天丙	江華	司宰少監	〃 二女壻	
50	吳先敬	海州	成均直學	〃 三子	海州吳氏族圖完成者
51	吳先義	〃	成均幼學	〃 四子	
52		〃		〃 五女	
53	吳孝詮	海州	郞將	吳昇의 四子	
54	許仁貴		副令	吳孝詮의 長女壻	
55	馬馳遠	木川	判事	許仁貴의 長女壻	
56	金 肇		掌令	〃 二女壻	
57	林 琭	鎭川	羅州牧使	〃 三女壻	
58	金原粹		版圖正郞	吳孝詮의 二女壻	

番號 번호	人名 인명	本貫 본관	官職 관직	家系 가계	備考 비고
42	이백유	전주	중추학사	오사운의 여서	
43	오사염	해주	서운부사	오효충의 2자	
44	오효경	해주	내시제공	오사염의 장자	
45	오효보	해주	직장동정	오사염의 2자	
46	오광정	해주	공조전서	오효충의 3자	해주오씨족도 초안자
47	조 설		원주판관	오광정의 장녀서	
48	오선민	해주	별장	오광정의 자	
49	최천병	강화	사재소감	오광정의 2녀서	
50	오선경	해주	성균직학	오광정의 3자	해주오씨족도 완성자

51	오선의	해주	성균유학	오광정의 4자	
52				오광정의 5년	
53	오효전	해주	랑장	오승의 4자	
54	허인귀		부령	오효전의 장녀서	
55	마치원	목천	판사	허인귀의 장녀서	
56	김 조		장령	허인귀의 2녀서	
57	임 구	진천	라주목사	허인귀의 3녀서	
58	김원수		판도정랑	오효전의 2녀서	

『해주오씨족도』의 시조에서 9세까지 개인별 기록 내용(4)

제4장 맺음말

한국 최초의 족보 『해주오씨족도(族圖)』는 해주오씨 가계를 후대 자손들에게 알리고자 하였던 7세 전서(典書) 오광정(吳光廷)의 유업(遺業)을 계승하여 1401년(태종 1년) 8세 사인(舍人) 오선경(吳先敬)이 완성하였다.

그 내용은 해주오씨 가계를 중심으로 그들과 통혼(通婚) 관계를 맺고 있는 집안의 가계까지도 상세히 기록하였다. 그리고 '해주오씨족도'는 일부 부분적인 첨록(添錄)이 있었으나 600여 년 넘게 비교적 잘 보존하여 현전(現傳)하고 있다.

이후 족도는 모든 해주오씨 족보작성의 기본 자료가 되었다.

『해주오씨족도(族圖)』는 족보출현 이전에 한 명문 가문의 가계 기록의 방법과 형식을 알려주는 자료라는 점에서 그 의의가 있다고 여겨진다. 이는 고려말 가계 기록물의 성격과 특징을 이해하는 데 매우 중요한 자료가 되고 있다.

《동아연구》 학술지 표지

9

해주오씨족도 관련 〈논문 2〉
조선 시기 선대(先代) 파악 방식의 족보 반영 양상/ 해주오씨족도를 중심으로

〈논문 개요〉

- 제목 ; "조선 시기 선대(先代) 파악 방식의 족보 반영 양상/ 해주오씨족도(族圖)를 중심으로"
- 저자 ; 김현영(Kim Hyunyoung, 낙산고문헌연구소 소장)
- 학술지 ; 한국계보연구 한국계보연구회 75~36 (32p)
- 발간일 ; 2017. 7. 14
- 쪽수 ; 32p(쪽)
- 목차
  1. 머리말
  2. 해주오씨족도(族圖)의 편찬과 발견
  3. 해주오씨 족보의 편찬과 족도 기록의 반영
  4. 맺음말

저자 김현영 소장
- 낙산고문헌연구소 소장, 역사학자
- 국사편찬위원회 연구편찬정보화 실장
- 한일역사공동연구위원회 연구실장
- 저서 : 『통신사, 동아시아를 잇다』 등

『해주오씨족도(海州吳氏族圖)를 중심으로 조선 시기 선대(先代) 파악 방식의 족보 반영 양상』을 다룬 본 논문은 한국 최초의 족보 해주오씨족도가 부산 MBC 언론에 1987년 7월 처음으로 보도된 후 30여 년 만인 2017년 7월에 학술정보지 '한국계보연구'에 낙산고문헌연구소 김현영 소장이 게재한 체계적인 논문이다.

논문은 '해주오씨족도와 해주오씨의 족보편찬' 과정을 고찰하여 조선 시기 사족(士族, 문벌이 좋은 집안)의 선대(先代) 파악 방식과 그러한 파악 방식이 족보에 어떻게 반영되었는가를 살핀 논문이다.

해주오씨로서는 족도뿐만이 아니고 해주오씨 가문 전반의 계통 및 족보발간 경위를 근거 있는 자료로 전문가입장에서 해박한 지식과 경험으로 소상하게 밝히고 있어 더욱 소중하고 감사해야 할 사항이다.

본 논문에서는 고려, 조선, 현대에 이르기까지 해주오씨 가문의 족보편찬 과정을 통하여 족도를 중심으로 오인유(吳仁裕) 시조의 인정, 계보 이음, 내외 혼척(婚戚)관계 표시, 부족한 자료의 처리, 결락(缺落, 있어야 할 부분이 빠져서 떨어져 나감)과 오류(誤謬), 족보편찬 틀의 완성 과정 등을 밝힘으로써 논문 주제대로 "우리나라 조선 시기 선대(先代) 파악 방식의 족보 반영 양상"을 알게 되는 의미 있는 내용을 담고 있다.

『해주오씨족도』 관련 가장 최근에 다룬 본 논문은 해주오씨가 전통 명문 가문임을 설명하고 있다. 따라서 본 논문을 참고 연구하여 미진한 부분을 보완하고, 종파별로 편찬·발간된 족보들을 통합함으로써 디지털 시대에 적합한 방향으로 발전시켜 나가야 할 것이다.

제1장 머리말

머리말에서 2015년 통계청 자료에 의한 한국 오씨는 763,281명으로 전체 인구 중 1.54%이며, 성씨 순위 12위라는 점과 이중 해주오씨는 462,704명에 전국 본관 순위 18위를 나타내고 있다.

오씨는 본관 만도 26개가 있는데 해주오씨가 절대다수로 압도하고 있고 해주오씨는 추탄 오윤겸(吳允謙)을 비롯하여, 오달제(吳達濟), 오도일(吳道一), 오상(吳祥), 오숙(吳䎘), 오두인(吳斗寅), 오태주(吳泰周), 오원(吳瑗), 오재순(吳載純), 오재소(吳載紹), 오희상(吳熙常), 오횡묵(吳宖默) 등 명인들을 배출하고 있다는 점을 밝히고 있다.

해주오씨는 특히 오두인-오태주-오원-오재순-오희상 등 노론 계열의 정무(貞武)공파와 오희문-오윤겸-오도일-오명항 등으로 이어지는 소론 계열의 추탄(楸灘)공파 두 가문이 조선 시대 해주오씨 족보편찬의 주축을 이루고 있다.

해주오씨가 족도(族圖)를 1401(태종 1)년 완성한 이후 최초의 족보를 간행한 것은 233년 후인 1634년(인조 12) 해주오씨 16세 오숙(吳䎘)이 황해도 관찰사로 나가면서 좌의정 14세 오윤겸(吳允謙)의 당부로 만들어진 '갑술보(甲戌譜)'가 처음이다.

해주오씨 갑술보는 조선 초기 8세 오선경(吳先敬)이 아버지 7세 오광정(吳光廷)의 유지(遺志)를 이어서 만든 족도(族圖) 기록에서 출발한다.

논문은 조선 시대 해주오씨 족보의 편찬 과정을 살펴서 조선 시기 계보 기록의 편찬이 어떻게 변화하였는가를 고찰하였으며, 고려 시기와 조선 전기의 부계, 모계 양측적(兩側的) 가계(家系) 계승 의식이 조선 후기의 부계(父系)적 친속 중심의 가계 계승 의식으로 전환하는 과정에서, 그러한 의식이 계보 기록에 어떻게 반영되어 가는가를 세밀하게 고찰하였다.

제2장 해주오씨족도(族圖)의 편찬과 발견

 2장은 '해주오씨족도의 편찬과 발견'에 대하여 설명하고 있는데 편찬은 1401년(태종 1) 오선경이 시묘(侍墓)살이하면서 정리 작성한 것이며, 편찬된 족도는 200여 년 동안 잊혀 있다가 임진왜란을 전후한 시기에 후손인 오희문(吳希文, 1539~1613)에 의하여 발견되고 널리 전사(傳寫)되는 과정을 설명하고 있다.

 최근에 해주오씨족도 원본이 처음 소개되기는 1987년 7월 14일 자 MBC에서 "최고(最古)의 그림 족보 처음 발견, 부산시 남구 해주오씨족도"라는 타이틀로 보도 후 1987년 7월 23일 자 경향신문에는 "족보 원조인 족도(族圖)가 있었다"라는 제목으로 해주오씨 종친회(海州吳氏宗親會)에서 발간한 대동계보약기(大同系譜略記)를 인용하여 해주오씨의 족도를 소개함으로써 세상에 원본이 나오게 된 것이다.

 해주오씨족도의 편찬 경위 내용 등에 대해서는 앞 5장 족도 발문에서 자세하게 소개하였기에 생략하고 족도 완성자 오선경(吳先敬)에 대하여 알아보고 이어서 편찬 후 200여 년간 숨어 있다가 오희문에 의하여 발견된 과정과 내용을 알아보기로 한다.

1) 족도 편저자 오선경(吳先敬)

해주오씨 8세 오선경(吳先敬)은 안종화(安鍾和, 1860~1924)가 쓴 국조인물지(國朝人物志)에는 국조방목(國朝榜目)을 인용하여 『海州人高麗典書光廷子. 定宗己卯生員, 文科, 舍人. 世宗朝爲領相柳廷顯從事官, 從征對馬島.』= "해주인고려광정자, 정종기묘생원, 문과, 사인. 세종조위영상유정현종사관, 종정대마도"라고 간단한 기록이 나온다.

요약하면 오선경은 "고려 전서(典書) 광정(廷子)의 아들, 1399년(조선 정종 1) 기묘 생원(生員), 문과, 사인, 세종조 영의정 통도

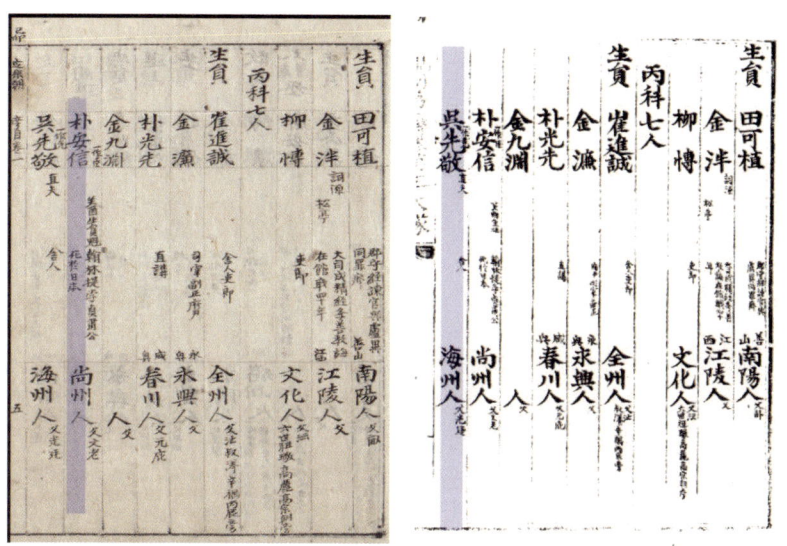

『국조문과방목(國朝文科榜目)』 卷之一 / 생원 오선경

사 유정현(柳廷顯)의 종사관(從事官)으로 대마도 정벌에 참여하였다."이다.

해주오씨 8세 오선경(吳先敬)은 자(字) 직부(直夫), 호(號) 창주(滄洲), 1374년(고려 공민왕 23년 우왕 즉위년) 갑인년에 출생하여 1419년(세종 1) 기해년 대마도 정벌에 종사관으로 출정하여 46세로 순절(殉節)한다.

그 외 오선경은 정종(定宗) 1년(1399) 기묘(己卯) 식년시(式年試) 병과(丙科) 급제, 부(父)가 해주오씨 7세 오광정(吳光庭), 조(祖)가 6세 오효충(吳孝冲), 증조(曾祖)가 5세 오승(吳昇)이고 외조(外祖)는 신시명(申時命), 처 부(妻父)는 정(鄭) 아무개라는 정보를 알려준다.

실록에서도 오선경(吳先敬)은 정종(定宗) 1년(1399) 기묘(己卯) 식년시(式年試) 병과(丙科) 급제, 1408년(태종 8)에 정언(正言), 1410년에 지평(持平), 1411년 원주 판관(判官), 1416년에 단자직조색(段子織造色) 별감, 1418년에 함길도 경력(經歷), 1419년(세종 1)에는 대마도 정벌 종사관(從事官), 의정부 사인(舍人)을 역임한 것을 확인할 수 있다.

오선경은 조선 세종 1년(1419년) 기해년에 기해동정(己亥東征) 즉 대마도 정벌 출정식에서 영의정 도통사(都統使) 유정현(柳廷顯) 휘하에서 도통사 종사관(從事官)으로 임명되어 참전한다. 그러나 애석하게도 그해 1419년에 대마도 정벌 전투에서 46세로 순절(殉節)한다.

　오선경은 1399년[정종(定宗) 1) 기묘(己卯)] 식년시(式年試) 합격하고 생원, 정언, 지평 등 요직을 역임하고 의정부 사인(舍人) 벼슬에서 그 직임(職任)을 그쳤다는 것을 알 수 있다.
　1401년(태종 1) 작성한 해주오씨족도는 오선경 나이 27세에 완성한 것이 된다.

오선경(吳先敬, 1374~1419년) 연혁

- 오선경 자(字) 직부(直夫), 호(號) 창주(滄洲)
- 본관 ; 해주(海州)
- 생 ; 1374년(고려 공민왕 23년 우왕 즉위년, 갑인년)
- 졸 ; 1419년(세종 1년) 기해년/ 46세
- 1399년[정종(定宗) 1년) 기묘(己卯)] 식년시(式年試) 병과(丙科)/ 25세
- 1401년(태종 1401년(조선 태종 1년) 11월 족도 완성/ 27세
- 1408년(태종 8년) 정언(正言)/ 34세
- 1410년(태종 10년) 지평(持平)/ 36세
- 1411년(태종 11년) 원주 판관(判官)/ 37세

- 1416년(태종 16년) 단자직조색(段子織造色) 별감/ 42세
- 1418년(태종 18년) 함길도 경력(經歷)/ 44세
- 1419년(세종 1년) 대마도 정벌 종사관(從事官) 출정 순절(殉節)/ 46세

해주오씨 8세 오선경(吳先敬) 계보도(系譜圖)

2) 쇄미록(瑣尾錄)에서 족도의 발견

1401년 오선경(吳先敬)이 시묘(侍墓)살이를 하면서 정리한 해주 오씨족도(族圖)는 그 후 오랫동안 잊혀 있다가 임진왜란을 전후한 시기에 후손인 오희문(吳希文)에 의하여 발견되고 널리 전사(傳寫)되어 오늘날에도 해주오씨의 선세(先世) 기록을 확인할 수 있는 계기가 되었다.

해주오씨 13세 오희문(吳希文, 1539~1613)의 임진왜란 피란(避亂) 기록인 『쇄미록(瑣尾錄)』 중 1600년 5월 5일 『족도기(族圖記)』에는 조선 전기 오선경이 그린 족도를 발견하고 전사(傳寫)하는 과정에 대한 상세한 기록이 있다.

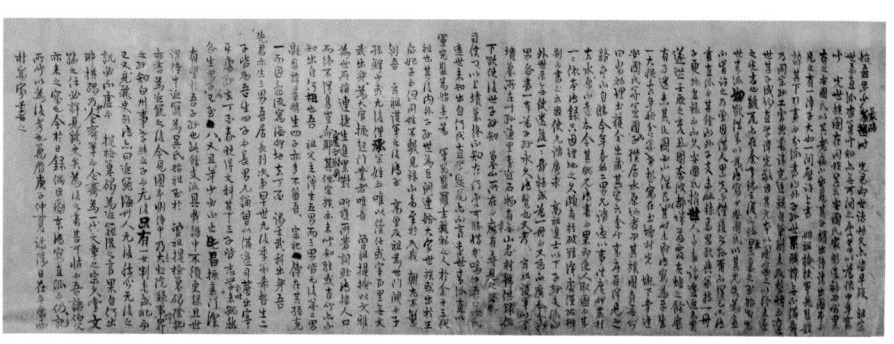

『해주오씨족도기(海州吳氏族圖記)』 1600년 5월 5일 오희문(吳希文) 작성

1600년(선조 33) 5월 단오에 아들 해주오씨 14세 좌의정 추탄 오윤겸(吳允謙, 1559~1636년)이 수령(守令)으로 근무하던 강원도 평강(平康)의 서촌 우가(寓家)에서 오희문의 해주오씨족도에 대한 기록은 해주오씨 가계(家系) 기록으로서는 최초의 신빙성이 있는 기록이라 할 것이다.

쇄미록 저자인 오희문은 인조 때 영의정이 된 14세 추탄 오윤겸(吳允謙)의 아버지이며, 삼학사(三學士)의 한 사람인 15세 오달제(吳達濟)의 조부(祖父)가 된다.

오희문은 먼저 자신이 어렸을 적에 부친이 작고(作故)하고 여러 숙부들도 일찍 죽어서 자신의 세계(世系)와 직파(直派)에 대해서 아는 것이 없었는데 해주오씨 선세(先世)의 족도가 오안국(吳安國)씨 집에 있다는 소문을 듣고 직접 오안국의 집에 찾아가 가리개 형식으로 만들어진 족도를 살펴본 사실을 전하고 있다.

시조인 검교군기감감(檢校軍器監)의 성휘(姓諱) 오인유(吳仁裕)가 쓰여 있고 그 아래에 획(劃)을 그어서 분파에 따라 내외 자손의 세계(世系)와 직휘(職諱, 직위 이름)를 써서 기재되어 있다고 하였다.

여기에서 주목할 점은 해주오씨뿐만이 아니라 그 분파에 따라 내외 자손의 세계(世系)와 직휘(職諱)가 기록되어 있다는 것이다.

부계친(父系親)만이 아니라 외족친(外族親)도 같이 세계(世系)와 직휘(職諱)를 기록하였다는 점은 후대의 가계 기록의 기재 방식과 매우 다르다.

그는 족도 기록을 빌려서 전사(傳寫, 베껴 씀)하고 싶었지만, 망실(亡失)을 우려한 오안국(吳安國)이 거절하여 직파(直派)만 전서(傳書)하였고 다른 외파(外派)의 전세(傳世) 기록은 전사할 수 없었다고 하였다.

이후 동생과 함께 공책을 가지고 가서 전사하려고 하였으나 그 또한 기회를 놓치고 임란을 맞이하게 되어 그 족도(族圖)에 대해서 잊어버리고 있었다.

그런데 동생 희철(希哲)이 광주 토당촌(土塘村, 지금의 양재역 인근) 선롱(先壟, 조상의 무덤) 하에 우거(寓居)[20]할 때 우연히 수원에 사는 오안국(吳安國) 씨의 동생인 헌국(憲國) 씨의 조카 오박(吳璞)을 만나 전란 중에도 그 족도를 땅에 묻어 보관하여 잘 보존되어 있다는 소식을 듣고, 자신의 둘째 아들인 오윤해(吳允諧)를 보내어 족도를 직파뿐만 아니라 내외 모든 계파를 다 그대로 전사

---

20) 우거(寓居) : 잠시 임시거주.

하여 오게 하고 또 네 아들에게 하나씩 주기 위하여 이를 4부 만들었다고 한다.

또한 자신의 현조(玄祖, 고조할아버지의 아버비, 5대조) 8세 호군(護軍)[21] 오희보(吳希保) 이하의 경우에는, 분묘(墳墓)의 소재 주현(州縣)과 도리(道里)의 원근, 석물(石物)의 유무, 산과 촌의 이름을 조사하여 각 위(位)의 아래에 기록하였다.

그러나 오희문의 6대조인 사복시경(司僕寺卿) 7세 오사렴(吳士廉) 이상의 분묘는 끝내 어디에 있는지를 찾지 못하였다고 한다.

실제로 『쇄미록(瑣尾錄)』에 인용된 직파의 기록에는
1세 - 검교군기감(檢校軍器監) 오인유(吳仁裕)/ 2세 - 내고부사(內庫副使) 오주예(吳周裔)/ 3세 - 비서감(秘書監) 오민정[吳民政 (配 蔡氏)]/ 4세 - 검교상서좌복야 행태자첨사(檢校尙書左僕射 行太子詹事) 오찰[吳札 (配 崔氏)]/ 5세 - 추봉 중정대부 전객령 행동대비원 녹사(追封 中正大夫 典客令 行東大悲院 錄事) 오승[吳昇 (配 慶州金氏)]/ 6세 - 내시(內侍) 풍저창승(豊儲倉丞) 오효충[吳孝冲 (配 李氏)]/ 7세 - 중직대부 사복시경(中直大夫 司僕寺卿) 오사렴[吳士廉 (配 金氏)] --- 선략(宣略)

---

21) 조선 시대, 오위(五衛)의 정사품 벼슬.

8세 - 장군 용양시위사 좌령호군(將軍 龍驤侍衛司 左領護軍) 오희보[吳希保 (配 原平徐氏)]/ 9세 - 성균진사(成均進士) 오중노[吳重老 (配 密陽朴氏)]/ 10세 - 북평관제검 어무장군 행용양위부사과(北平館提檢 禦侮將軍 行龍驤衛副司果) 오계선[吳繼善 (配 全州李氏, 安東權氏, 全州李氏)]/ 11세 - 중직대부 행사섬사 주부(中直大夫 行司贍寺 主簿) 오옥정[吳玉貞 (配 延安金氏)]으로 이어지는 가계를 기록하고 있다.

해주오씨 13세 오희문(吳希文)의 『쇄미록(瑣尾錄)』에 인용된 직파 기록의 내용을 검토하여 보면, 시조 오인유(吳仁裕)에서부터 7세 오사렴(吳士廉)까지는 5세 오승(吳昇)의 배위(配位) 경주김씨를 제외하고는 본관(本貫)을 기록하지 못하고 오인유(吳仁裕)나 2세 오주예(吳周裔)의 경우에는 배위(配位)가 누구인지를 파악하지도 못하고 있다.

반면 호군 8세 오희보(吳希保)부터는 배위(配位)의 본관뿐만 아니라 산소의 소재지와 상황을 정확히 파악하고 있다.

대부분의 산소는 죽산현(竹山縣, 경도 안성)과 광주 토당촌(土塘村)에 소재하고 있고 비갈(碑碣)이 있는 곳도 있고 없는 곳도 있었다. 특히 10세 오계선(吳繼善)의 묘에는 좌찬성 신광한(申光漢)이

찬한 세계기(世系記)가 있다고 기록하였다.

13세 오희문(吳希文)은 자신의 선대에 관한 기록을 아버지, 할아버지(祖父)로부터 전해 받지 못하였다. 따라서 자신이 스스로 증조 이하 선대의 가계 기록은 정확히 파악할 수 있었지만, 그 전 기록은 알 수가 없었던 것이다.

그러한 상황 하에서 오선경의 족도는 선대 기록 파악에 광명을 비추는 것이었다.

그러나 족도를 기록한 오선경의 발미(跋尾)에서도 군기감을 시조로 파악하고 있을 뿐 선대의 정확한 기록은 알 수가 없다고 하였다.

사실상 해주오씨 시조인 군기감 오인유(吳仁裕)[22]가 라말려초(羅末麗初, 신라말 고려 초) 인물이라면 기록자인 13세 오희문과는 거의 600년 가까이 차이가 난다.

한 세대를 30년으로 본다면 적어도 오희문은 시조로부터 20대의 차이가 있어야 하지만, 오희문 스스로 시조 오인유가 나말여초 인물이라고 하면서도 시조 오인유가 자신의 13대조라고 하고 있다.

---

22) 오인유가 라말려초 사람이라는 것은 본 논문이 오류이고 실제 해주오씨족보에서 오인유는 서기 984년(고려 성종 3)에 중국 송나라 대학사로 도래하여 황해도 해주에 정착하여 해주오씨 시조가 되었다고 분명하게 게재되어 있다.

이는 오류일 것이다.

시조 이후 대가 세족과 혼인하고 혹은 왕후와 왕비를 배출하는 해주오씨 가문임에도 불구하고 오씨의 가계 기록은 충분히 남기지 못하고 있었다.
그것은 해주오씨뿐만 아니라 다른 성씨들도 마찬가지라고 할 것이다.
초기의 가계 기록의 불충분에도 불구하고 번창하지는 못하였지만, 연면히 가계를 이어오다가 오희문의 조부로부터 가문이 번성하게 된다.
아래의 기록은 조부로부터 자신과 아들 대에 이르기까지 드디어 가문이 번성하게 된 경위를 설명하고 있다.

그러면서 오희문은 마지막으로 세간에서 해주오씨 7세 오연총(吳延寵)을 해주오씨의 시조로 하는 데 대한 반론을 제기하였다.
심지어 당대의 문한(文翰)을 장악한 신광한(申光漢)이 쓴 증조 제검(提檢)[23] 10세 오계선(吳繼善)의 비갈 음기에서도 오씨의 시조를 오연총으로 기록하였다고 [고려사] 열전을 근거로 비판하고 있다.
좌찬성 신광한(申光漢)은 10세 오계선(吳繼善)의 손녀사위이지만 양측적 친속(兩側的 親屬) 질서가 남아있는 상황에서도 자기 처

---
23) 제검: 검열 관리 감독을 맞던 관직

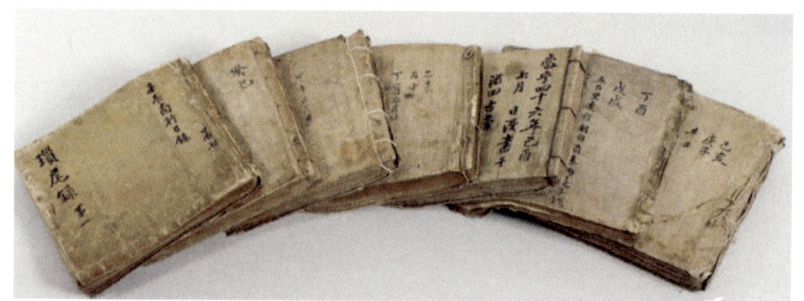

오희문의 『쇄미록(瑣尾錄)』 제1~7책 필사본. 보물 제1096호

조부의 시조에 대해서는 정확하게 파악하고 있지 못하였다.

제3장 해주오씨 족보의 편찬과 족도(族圖) 기록의 반영

3장 "해주오씨 족보의 편찬과 족도 기록의 반영"에서는 해주오씨족도를 중심으로 족도 이후 해주오씨 족보의 편찬 경위와 기록을 설명하였다.

1401년 완성된 『해주오씨족도』는 해주오씨 가문은 물론 우리나라 족보편찬 형태 연구에 귀한 자료이었으나 최초 발간 후 200여 년 동안 행방을 알 수 없었다.

그러나 해주오씨 13세 오희문(吳希文, 1539~1613)의 피란일기(避亂日記) 『쇄미록(瑣尾錄)』에서 자세하게 밝혀져 가치와 의미를 더해지고 있다.

조선 초기에 그려진 해주오씨의 족도(族圖)가 200년 후 오희문에 의하여 재발견되었지만, 이를 그대로 가계 기록으로 확산시키는 데에는 한계가 있었다.

오희문은 그의 둘째 아들 윤해(允諧)를 시켜서 4부를 전사하는 데 그칠 뿐이었고, 자신이 파악할 수 있는 선대(先代) 5대조인 호군(護軍) 희보(希保)까지 배위(配位)의 성관(姓貫)이라든가 묘소의 위치와 현황을 보완하는 데 그칠 뿐이었다.

최초의 해주오씨 종합보(綜合譜)의 편찬은 한 세대가 지난 후인 1634년(인조 12) 오숙(吳䎘)이 편찬한 『갑술보(甲戌譜)』에서 비롯되었다.

이후 해주오씨 족보는 아래와 같이 무술보(戊戌譜), 신묘보(辛卯譜) 등 주로 60~70년 간격으로 수보(修補) 되다가 1800년대 중반 이후는 빈번하게 편찬이 이루어졌다.

1401년 『해주오씨족도』로부터 최근 1900년대까지 파악된 해주오씨 족보편찬 발간사를 정리하면 1400년대 1건, 1600년대 2건, 1700년대 3건, 1800년대 12건, 1900년대 들어 대폭 늘어 60여회가 넘는 것으로 다음과 같이 종합 요약할 수 있다.

■ 해주오씨 족보편찬 연혁
2025년 9월 해주오씨 29세 영택 정리

■ 15세기
- 1401년 족도(族圖) – 사인(舍人) 오선경(吳先敬)

■ 16세기
- 1600년 족도기(族圖記) – 오희문(吳希文), 《쇄미록(瑣尾錄)》 부록

■ 17세기
- 1634년 갑술보(甲戌譜) – 천파(天坡) 오숙(吳䎘), 정무공파

■ 18세기
- 1718년 무술보(戊戌譜) – 오진주(吳晉周), 정무공파
- 1767년 정해보(丁亥譜) – 오태래(吳泰來), 오중창(吳重昌), 2권/ 국립도서관
- 1771년 신묘보(辛卯譜) – 오명구(吳命久), 추탄공파

- **19세기**
  - 1829년 기축보(己丑譜, 선) - 오희상(吳熙常), 정무공파
  - 1856년 병진보(丙辰譜) - 오정현(吳正鉉), 족보, 3권 / 국립도서관
  - 1859년 기미보(己未譜) - 오치행(吳致行), 족보, 2권 / 국립도서관
  - 1862년 임술보(壬戌譜) - 오현규(吳現奎), 세보, 2권 / 국립도서관
  - 1863년 계해보(癸亥譜) - 오치행(吳致行), 세보, 5권 / 국립도서관
  - 1875년 을해보(乙亥譜) - 오일영(吳一泳)
  - 1882년 임오보(壬午譜) - 오화수(吳和秀), 추탄공파
  - 1882년 임오보(壬午譜) - 오진상(吳震常) 등, 족보, 6권 / 남원 경모재 / 국립도서관
  - 1887년 정해보(丁亥譜) - 오기설(吳基卨), 세보, 3권 / 국립도서관
  - 1889년 기축보(己丑譜, 후) - 지군사공파 족보, 3권
  - 1889년 기축보(己丑譜) - 오일영(吳一泳), 세보 11권 / 국립도서관
  - 1896년 병신보(丙申譜) - 오응선(吳膺善), 파보 4권 / 해주 오씨파보소 / 국립도서관

■ 20세기 전반

- 1900년 경자보(庚子譜) - 오철영(吳鐵泳), 세보 2권 / 국립도서관
- 1903년 계묘보(癸卯譜) - 오장선(吳長善), 추탄공파
- 1913년 계축보(癸丑譜) - 오택수(吳宅洙), 세보 3권 / 국립도서관
- 1914년 갑인보(甲寅譜) - 오재규(吳在奎) 등, 부윤공파 5권 / 古阜 必敬齋 / 국립도서관
- 1916년 병진보(丙辰譜) - 오현규(吳顯桂)·오린영(吳鱗泳)·오주영(吳周泳), 칠곡공파 7권 / 국립도서관
- 1916년 병진보(丙辰譜) - 오응눌(吳應訥), 세계세보 56장 / 국립도서관
- 1916년 병진보(丙辰譜) - 오재현(吳在鉉), 세보 4책 / 국립도서관
- 1920년 경신보(庚申譜) - 오익영(吳翊泳)
- 1920년 경신보(庚申譜) - 오태환(吳台煥), 세보 8권 / 高陽 해주오씨보소 / 국립도서관
- 1920년 경신보(庚申譜) - 오윤묵(吳允默), 관북파 세보 2권 / 국립도서관
- 1921년 신유보(辛酉譜) - 오해근(吳海根), 찬성공파보 1권 / 국립도서관

- 1924년 갑자보(甲子譜) - 오수영(吳壽永), 세보 1책 / 국립도서관
- 1924년 갑자보(甲子譜) - 오국영(吳國詠), 초리(草里)파보 1책 / 국립도서관
- 1927년 정묘보(丁卯譜) - 오덕삼(吳德三), 학사공파보 2권 / 국립도서관
- 1928년 무진보(戊辰譜) - 오계환(吳季煥), 세보 14책 / 국립도서관
- 1928년 무진보(戊辰譜) - 오보영(吳普泳)
- 1932년 임신보(壬申譜) - 오석원(吳碩元), 세보 83장 / 平壤 萬金堂 / 국립도서관
- 1933년 계유보(癸酉譜) - 오처수(吳處壽), 세보 3권 / 국립도서관
- 1934년 갑술보(甲戌譜) - 오병국(吳秉國), 세보 1책 / 국립도서관
- 1934년 갑술보(甲戌譜) - 오현준(吳賢俊), 세보 2권 / 국립도서관
- 1935년 을해보(乙亥譜) - 오기영(吳基永), 족보 7권 / 곡성 덕산동 / 국립도서관
- 1936년 병자보(丙子譜) - 오관영(吳寬泳), 세보 2권 / 영암 숙모재 / 국립도서관

- 1936년 병자보(丙子譜) - 오일범(吳一範), 세보 2권 / 국립도서관
- 1937년 정축보(丁丑譜) - 오기범(吳箕範), 세보 28장 / 국립도서관
- 1937년 정축보(丁丑譜) - 오기영(吳其泳), 세보 6권 / 국립도서관
- 1938년 무인보(戊寅譜) - 해주오씨보소 편, 족보 2권 / 국립도서관

20세기 후반

- 1956년 병신보(丙申譜) - 오준영(吳俊泳), 참판공파보 2권 / 龍岡齋 / 국립도서관
- 1957년 정유보(丁酉譜) - 오세권(吳世權) 등, 세보 7권 / 국립도서관
- 1957년 정유보(丁酉譜) - 직장공 파보 2권
- 1958년 무술보(戊戌譜) - 오린영(吳鱗泳), 족보 7권 / 죽산 송정동 / 국립도서관
- 1959년 기해보(己亥譜) - 오영근(吳榮根) 등, 사복시경공파보 1책 / 국립도서관
- 1961년 신축보(辛丑譜) - 오정근(吳鼎根),오덕영(吳德泳) 추탄공파세보 3권/ 국립도서관

- 1964년 갑진보(甲辰譜) - 오준근(吳晙根), 월곡공파
- 1966년 병오보(丙午譜) - 정무공파, 2권
- 1970년 경술보(庚戌譜) - 오기선(吳起善) 등, 장춘공파보 1책 / 국립도서관
- 1977년 정사보(丁巳譜) - 오정근(吳鼎根), 추탄공파보
- 1978년 무오보(戊午譜) - 징사공파세보(편찬위원회, 3.0~7.0)
- 1978년 무오보(戊午譜) - 오상룡(吳相龍), 징사공파세보 8권 / 국립도서관
- 1981년 신유보(辛酉譜) - 오수산(吳壽山), 참판공파보 1권
- 1984년 갑자보(甲子譜) - 정무공파, 2권
- 1988년 무진보(戊辰譜) - 양정공파세보 4권 / 양정공파수보위원회 / 국립도서관
- 1989년 기사보(己巳譜) - 오광조(吳光助), 부훤당공파세보 1책 / 안성 / 국립도서관
- 1990년 경오보(庚午譜) - 오준근(吳晙根), 구례공파세보 / 국립도서관
- 1990년 경오보(庚午譜) - 오종규(吳鍾奎), 세보 75장 / 국립도서관
- 1991년 신미보(辛未譜) - 오복근(吳福根), 추탄공파(대동종친회)

- 1992년 임신보(壬申譜) - 오영환(吳泳煥), 해주오씨대종회
- 1992년 임신보(壬申譜) - 생원공파세보 / 생원공파세보편찬소 / 국립도서관
- 1993년 계유보(癸酉譜) - 시중공파세보 2권 / 시중공파보편찬위원회 / 국립도서관
- 1994년 갑술보(甲戌譜) - 오문환(吳文煥), 전서공파세보 / 국립도서관
- 1997년 임신보(壬申譜) - 오자복(吳滋福), 임신보 편수 / 해주오씨대종회

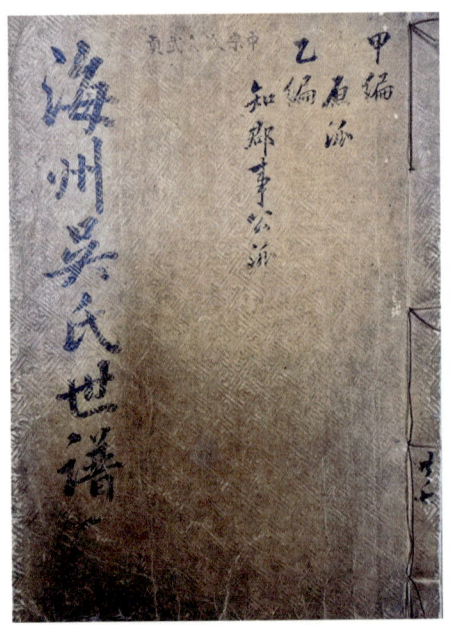

『해주오씨세보(世譜)』 지군사공파 족보

다음은 논문 "해주오씨 족보의 편찬과 족도(族圖) 기록의 반영"에서 족도 이후 처음으로 발간된 해주오씨 종합족보 1634년의 『갑술보(甲戌譜)』와 이후 보다 족보 형태를 갖춘 1718년 『무술보(戊戌譜)』를 중심으로 족도의 기록 반영에 대하여 알아보기로 한다.

1) 갑술보 편찬을 통한 족도(族圖) 기록의 반영

최초의 해주오씨 종합족보(綜合族譜)의 편찬은 1401년 해주오씨 족도 편찬 후 233년 후인 1634년(인조 12) 갑술년에 황해도 관찰사(觀察使) 해주오씨 16세 정무공파 천파(天坡) 오숙(吳䎘)이 편찬한 『갑술보(甲戌譜)』에서 비롯되었다.

갑술보 발간 배경을 보면 황해도 관찰사로 명 받은 오숙(吳䎘)이 집안 어른인 당시 좌의정 14세 추탄 오윤겸(吳允謙, 1559~1636)을 한강 별서(別墅)[24]로 찾아뵈었는데, 오윤겸은 관향지(貫鄕地) 해주로 금의환향하는 오숙을 보고 느끼는 바와 기뻐하는 바가 있다고 하면서 집안의 족보편찬 감행을 요청하였다.

좌의정 오윤겸은 자신의 동생과 오숙의 조부 14세 오정방(吳定邦, 1552~1625)이 족보 간행을 완수하지 못하고 죽은 데에서 느

---
24) 교외 별장

끼는 바가 있고, 이제 오숙이 관향지(貫鄕地)인 황해도 관찰사로 부임하여 족보를 편찬하게 되면, 그로 인해서 해주오씨 일가들이 돈목효제(敦睦孝悌)[25]할 수 있을 것이어서 기쁘다고 하였다.

오윤겸은 자신의 선친 13세 오희문이 둘째 아들 14세 윤해를 시켜 오숙의 조부인 오정방과 함께 족보를 편찬하려 하였지만 이루지 못한 사실을 상기하였다.

오윤겸은 아버지가 파악한 해주오씨 족도를 중심으로 각 지파(支派)와 구보(舊譜)를 참고하여 자료를 준비해 두었다.

이에 마침 오숙이 황해도 관찰사로 가면서 오윤겸이 준비해 둔 자료와 현지에서 파악된 자료를 중심으로 간행된 것이 『갑술보』이다.

당시 해주오씨 명문 가문으로 좌의정의 지위에서도 집안의 가계(家系)나 족보를 사랑하고 챙겨 간행하도록 한 사실은 많은 교훈을 주고 있다.

본 논문에서는 해주오씨 족보편찬을 역사 전문가로서 객관적으로 밝히고 있어 해주오씨 가문은 물론 다른 가문의 선대 파악 방법에 도움이 되고 있다.

1634년(인조 12) 오숙(吳䎘)이 편찬하고 발문을 직접 쓴 최초의

---

25) 부모에게 효도하고 형제간에 우애를 돈독히 하며 화목하게 지낸다.

해주오씨 종합족보 갑술보(甲戌譜)는 명칭이 『수양오씨족보(首陽吳氏族譜)』였는데 당시 황해도 해주(海州)의 옛 지명이 수양(首陽)이었기 때문이다.

따라서 '수양오씨(首陽吳氏)와 해주오씨(海州吳氏)'는 같은 뜻이 되는 것이며, 갑술보(甲戌譜) 편저자 오숙(吳䎘)의 수양오씨족보발(首陽吳氏族譜跋), 발문(跋文)은 해주오씨 족보의 편찬에 관한 중요한 정보를 알려주고 있다.

또한 발문에서 당시 좌의정(左議政) 신분의 추탄 오윤겸과 관찰사(觀察使) 신분의 천파 오숙이 족보 간행에 관하여 관심을 가지고 추진하여 온 높은 뜻은 훌륭한 선비 집안의 내력을 알 수 있다.

또한 발문에서 족보발간 과정을 비교적 자세하게 적고 있어 갑술보 "수양오씨족보발(首陽吳氏族譜跋)" 발문의 원문과 주해(註解)를 통하여 해주오씨 족보의 편찬 경위와 기록 반영을 알아보도록 한다.

가) 갑술보 발문(跋文)에 기술된 족도(族圖) 기록의 반영

① 갑술보 발문 원문(原文)

上年秋 翻有海西命 將行 拜今左相楸灘先生於漢江別墅 告辭 先生賜之坐不暇 出一語 卽…喟曰 "聞子有是命 於我心有所感矣 抑有所喜矣.
我首陽之吳 麗初大姓也 自始祖軍器監諱仁裕 仕于朝 厥後僕射諱札 侍中諱延寵 趾美中葉 宗閥官爵 著於靑史 而氏族之譜 亦行於一時 可謂盛矣.
入于本朝 吳氏不大顯 有舍人先敬 蒐輯支派 繼舊譜而成籍 藏于家 至今傳諸同宗. 余使家弟都正允諧(오윤해) 繕寫一本 畢載始祖內外裔孫 以謀刊鍥. 子之王父節度公(오정방=吳定邦)
實與於此事 事未就而節度公下世 家弟亦先朝露 此所感也.
今子仕宦而駐節之地 是乃鄕貫 不特畫錦之有榮耀焉. 子亦有意於吾與節度公所嘗謀者 捐官俸之餘 以濟其役 氏族之譜 復行於今與後 而後生晩出 皆得以寓目 相勉以敦睦孝悌
之風 則吾責塞 而吾子述事之道 亦且盡矣 此所喜也."
翻作而對曰 "不肖無狀荷祖先之靈 際風雲…之會 忝竊方岳 何敢不力於門戶大事 而況承先生面命 申之以王父遺志者哉?"
遂辭 旣到首陽月餘 鳩工創役 以書走京師 謁于先生曰
"譜將入梓 而吳…氏之居本土者甚夥齊會舘門請見 翻使之前 各以世系書進 徐以察之
本土之吳… 乃兩派 而一則出於進士吳綱 一則出於生員吳生韻 今人相去各五六代而不知其源 果同出於吾始祖軍器監否也.
然而皆爲海西望族 而首陽之吳…則一也. 願別刊兩派 附諸族譜之末 於義不可拒也 惟先生裁之." 先生復曰 "唯唯."
刊譜旣完 翻復以書請先生 "旣有譜而不有先生之文弁于卷首 則後嗣何觀焉? 無惜觚墨餘事以命之."
翻待此而訖功 先生復曰 "子其詮次吾與子往復之語 以識
顚末足矣." 翻不敢辭而遂書之 是爲跋.

② 갑술보 발문 주해(註解)

작년 가을에 나는 해서(海西, 황해도) 관찰사로 명을 받았다. 장차 부임을 하려고 할 때 좌의정 추탄(오윤겸) 대감을 한강의 별서(別墅)로 찾아뵈었다. 인사를 하자 대감은 자리를 내주고 앉자마자 한 말씀을 하셨다.

"그대가 이 명을 받으니, 나의 마음에 감회가 있고 또 기쁘기도 하다.
우리 수양(首陽, 해주의 옛 명칭) 오가(吳哥)는 고려 초의 대성(大姓)이오. 시조인 군기감(軍器監) 인유(吳仁裕)공은 조정에 벼슬을 하였고 그 후에 복야(僕射) 찰(吳札, 4세)공, 시중(侍中) 연총(吳延寵, 7세)공이 중엽에 훌륭한 분들이었고 종벌(宗閥, 가문)과 관작이 청사(靑史)에 올라 있고 씨족보(氏族譜)도 또한 당시에 유행하여 성대하다고 하겠다.

조선에 들어와서는 오씨가 크게 현달(顯達)하지 못하였지만, 사인(舍人)공 오선경(吳先敬, 8세)이 있어서 지파(支派)를 수집하고 구보(舊譜)를 이어서 문적(文籍)을 만든 것이 집에 보관되어 있고 지금까지 동종(同宗) 종친에게 전해지고 있다.

내가 동생인 도정(都正)공 윤해(吳允諧)에게 한 부를 잘 쓰게 하여 시조 내외의 후예를 모두 싣게 하여 간행하려 하였는데, 당신의 할아버지 절도(節度)공 오정방(吳定邦)께서도 실로 이 일에 참여하셨다. 그러나 일이 완성되기 전에 절도공이 세상을 떠나고, 내 아우 또한 먼저 세상을 떠났다. 이것이 내가 감회(感懷)[26]가 있는 이유다.

지금 그대가 벼슬을 하여 부임하는 곳이 바로 향관(鄕貫, 본관) 수양(해주)이니 비단 금의환향하는 영광일 뿐만이 아니다. 그대도 나와 절도공이 일찍이 상의한 것에 신경을 써서 관봉(官俸)에서 남는 것을 출연하여 그 일을 마치게 되면, 씨족의 족보가 다시 지금과 후대에 유행하게 되어 후세 사람들이 이를 보고 서로 화목하고 효제(孝悌)[27]하는 풍속을 권면하게 될 것이다.

이는 나로서는 책임을 다하는 것이고 그대의 조상을 기리는 도리도 완성되는 것이다. 이것이 내가 기쁜 이유다.

내가 정색을 하고 대답하였다.

"불초하고 보잘것없는 제가 조상님의 신령(神靈)의 덕을 입어 시운(時運)을 만나, 감히 방악(方岳)[28]의 자리를 차지하고 있으니, 어찌 가문의 대사를 힘써 하지 않겠습니까? 하물며 대감께서 면전에서, 조부(정무공 오정방)의 유지를 거듭 일깨워 주시니 어찌 힘을

---

26) 지난 일을 더듬어 생각하며 느끼는 회포.
27) 부모에게 효도하고, 형제 사이에 우애를 다한다.
28) 한 지역, 한 지방.

다하지 않겠습니까?"

그렇게 하직하고 해주(首陽)에 도착한 지 한 달쯤 지나, 인부를 모아 새 작업을 시작하였다. 그리고 편지를 써서 한양(京師)에 있는 선생께 보내어 알렸다.

"족보가 이제 목판에 들어가 새길 준비가 되었습니다. 그런데 본토에 사는 오가들이 매우 많아, 모두 회관(會館) 앞에 모여 저를 만나기를 청하였습니다. 제가 그들에게 나아가니, 각각 자기의 세계(世系)를 적어 바쳤고, 저는 차례로 그것을 살펴보았습니다."

본토의 오씨는 두 파(派)인데, 하나는 진사(進士) 오강(吳綱)에서 나왔고, 하나는 생원(生員) 오생운(吳生韻)에서 나왔습니다. 지금 사람들은 서로 5~6 대(代)가 지났으나 그 근원을 알지 못하여, 과연 우리 시조 군기감(軍器監)으로부터 나왔는지는 알 수 없었습니다.

그러나 모두 해서(海西, 황해도)의 망족(望族) 명망 있는 집안이고 수양(해주)의 오가인 것은 같습니다.
바라건대 따로 두 파를 간행하여 족보의 끝에 부록으로 붙이는 것이 의롭다고 여겨집니다. 대감께서 결정해 주십시오."

대감이 답장하기를 "그것이 옳다."고 하였다.

족보 간행이 끝나고 내가 다시 편지로 대감에게 청하였다.
"이제 족보가 되었는데 권수(卷首) 책머리에 대감의 글이 없으면 후손들이 뭘 보겠습니까? 글을 아끼지 말고 써주십시오."

내가 이를 기다리는 동안 공역(工役, 임무)을 마쳤는데, 대감이 답장하기를 "그대가 나와 주고받은 말을 써서 전말(顚末)을 알리는 것으로 족하다."고 하였다.
내가 감히 사양하지 못하고 마침내 이를 써서 발문(跋文)으로 한다. 오숙(吳䎘)

나) 갑술보 마무리

실제로 오숙(吳䎘)이 간행한 『갑술보(甲戌譜)』는 족도 기록을 족보 형식으로 옮기고 뒤에 해주에서 파악한 오강(吳綱)과 오생운(吳生韻) 두 파를 부록으로 첨부한 형태로 정리하였을 뿐이다.
오숙이 관찰사로서 해주에 체재한 기간은 1년에 불과하고 당시의 관찰사는 1년 동안 관할 구역을 순행하였다는 점에서 해주에서 안정되게 족보를 편찬할 여유는 없었을 것으로 생각된다.

따라서 갑술보는 첫 번째 해주오씨 종합족보로서 의미는 있으나 족보로서 구성이나 내용 면에서 부족함이 많이 보였다. 그래서 다음에 편찬된 해주오씨 『무술보(戊戌譜)』가 비교적 족보 형태를 갖춘 종합족보가 된다.

『해주오씨 갑술보(甲戌譜)』 1634년 사본

2) 무술보 편찬을 통한 족도(族圖) 기록의 반영

우리가 지금까지 살펴본 1634년(인조 12) 갑술년 천파 오숙(吳翻)이 간행한 해주오씨 종합족보 『갑술보(甲戌譜)』는 족도(族圖) 기록을 족보 형식으로 옮기고, 뒤에 해주에서 파악한 진사(進士) 오강(吳綱)과 생원(生員) 오생운(吳生韻) 두 파를 부록으로 첨부한 형태로 정리하였을 뿐이다.

오숙이 황해도 관찰사로서 해주에 체재한 기간은 1년에 불과하고 관찰사 업무를 수행하면서 안정되게 족보를 편찬할 여유는 없었을 것으로 생각된다. 따라서 족보로서 제대로 갖추지 못한 면이 많다.
그러나 1401년(태종 1) 신사년 사인(舍人) 오선경(吳先敬)의 족도(族圖) 작성 후 233년 만의 일로 해주오씨 가문으로서는 의미가 매우 크다 하겠다.

이러한 역사적 배경 속에 실질적으로 해주오씨의 족보가 제대로 족보의 형태를 갖춘 것은 족도 작성 후 317년, 갑술보 편찬 이래 84년 후인 1718년(숙종 44) 간행된 『수양오씨(해주오씨)족보』『무술보(戊戌譜)』였다.

『수양오씨(首陽吳氏)족보 무술보(戊戌譜)』는 실질적으로 해주오씨 족보로서 족보의 형태를 제대로 갖춘 것으로 18세 정무공파 해창위(海昌尉) 오태주(吳泰周, 1668~1716)가 편찬하려다가 완성하지 못한 것을 동생인 오진주(吳晉周, 1680~1724)가 완성한 것이다.

오진주(吳晉周)는 형조판서 해주오씨 17세 오두인(吳斗寅)의 넷째 아들이다. 1714년(숙종 40) 갑오(甲午) 증광시(增廣試)에 생원(生員) 3등으로 급제하여 진사(進士)로 나아가 관직이 군수(郡守)에 이르렀다. 형제로는 오두인의 1자 오관주(吳觀周), 2자 오정주(吳鼎周), 3자 오태주(吳泰周), 5자 오이주(吳履周)가 있다.

『무술보』에서는 해주오씨를 '수양오씨(首陽吳氏)'로 제(이름)하였다. 수양(首陽)은 해주(海州)의 옛 명칭이며, 무술보는 범예(凡例) 14개 조항을 갖춘 완성된 형태의 것으로 범례는 다음과 같다.

제1조에서는 해주 오씨 족보의 편찬 경위를 서술하고 있다. 즉 8세 오선경(吳先敬)이 족도(族圖)를 편찬하고 16세 관찰사 오숙(吳䎘)이 해서(海西, 황해도) 순찰사 영(巡察使 營)에서 1634년 갑술보를 편찬하였으며, 이제 84년 후인 1718(무술)년에 다시 수정한다는 것이다.

『무술보(戊戌譜)』 범례 제2조에서는 기존의 족보에서 내외를 모두 기록하였던 원칙을 수정하여 지금부터 외가는 3대까지만 기록한다고 하였다.

이 원칙은 매우 중요한 것으로 지금까지 내파(內派), 외파(外派)를 모두 기록하는 번거로움을 피하려고 외파는 3대까지만 기록하기로 한 것이다.

내파와 외파를 모두 기록하는 것은 "만성보(萬姓譜)"가 될 수밖에 없는 것으로 만성보는 내외의 모든 인물을 다 기록하려고 하면 기술적으로 그것이 불가능하므로 결국 현달(顯達, 출세)한 인물을 중심으로 수록하고 그 가계(家系)만 남기는 현달보(顯達譜)의 성격을 가질 수밖에 없게 되는 것이다.

족도의 경우도 내, 외파를 모두 기록하였지만, 외파의 경우에는 모든 인물을 다 기록한 것이 아니라 현달한 인물만을 기록하였다. 대표적인 것이 갑술보(甲戌譜)까지는 7세 오연총(吳延寵)의 후손이 2녀인 판서(判書, 장관) 성기(成紀)만 기록되었다가, 무술보(戊戌譜)부터는 1녀인 녹사(錄事, 중앙 관서의 상급 서리직 관직) 조운(曺雲)도 기록한 것이다.

제3조와 제4조는 족보편찬 기술에 관한 것으로 한 면을 6층으로 칸을 만들어 소목(昭穆, 신주 모시는 배치 순서)에 따라서 명휘(名

諱, 이름)를 쓰고, 표덕(表德, 아호), 별호(別號), 생졸(生卒), 구묘(丘墓, 산소), 과제(科第, 과거 등급), 작질(爵秩, 작위와 호봉) 및 배실(配室)의 성씨와 관계(官階, 관리 벼슬의 등급)를 방주(旁註)로 썼다는 것을 밝혔다.

또한 선남 후녀(先男 後女)로 쓰고 몇 째라는 것을 써서 순서는 구별하였으며 서파(庶派, 혼인 외 자식)는 이 순서를 생략하였다고 하였다.

이후 5조에서부터 10조까지는 족보 기술에 대한 상세한 사항과 원칙을 밝힌 것이다.

1718년(숙종 44)에 간행된 무술보(戊戌譜) 범례에서 주목할 것은 제11조와 12조이다. 제11조에서는 해주오씨 동관(同貫, 동본)인데 증거 보첩(譜牒)이 없거나 원 파에 이어지지 않는 경우는 타편(他編)에 입록(入錄) 하도록 하였다. 이는 족도를 계기로 하여 편찬한 갑술보 이후의 원칙이다.

선대(先代)의 계보(系譜)를 알 수 없는 경우에 어쩔 수 없이 부편(附編) 부록으로 처리할 수밖에 없는 것이다. 또 편차 선후는 구보(舊譜)에 따르고, 새로 증가한 경우에는 단자(單子, 명단)를 보낸 순서에 따라 수록하였다는 것을 밝히고 있다.

마지막으로 제14조에는 부록으로 선대의 비지(碑誌, 비석에 색인 글) 문자(文字)를 수록하였다는 사실을 밝혔다.

무술보에 실린 선대의 비지(碑誌) 문자는
① [고려사] 열전에 수록된 7세 오연총(吳延寵)의 기록,
② 김상헌이 쓴 14세 좌의정 추탄공 오윤겸(吳允謙) 묘갈명,
③ 이경석이 쓴 14세 절도사 정무공 오정방(吳定邦) 묘비명,
④ 송시열이 쓴 15세 교리 삼학사 오달제(吳達濟) 전(傳),
⑤ 최석정이 쓴 16세 관찰사 오숙(吳䎘)의 묘비명,
⑥ 김창협이 쓴 17세 판서 오두인(吳斗寅)의 묘비명,
⑦ 김창흡이 쓴 18세 해창위 오태주(吳泰周)의 묘갈명이다.

무술보가 기본적으로 오태주(吳泰周)와 오진주(吳晉周) 등 정무공파(貞武公派) 중심으로 편찬되었다는 사실을 잘 보여준다.

이후 지속해서 간행된 해주오씨 족보는 주로 정무공파와 추탄공파(楸灘公派)를 중심으로 증보[29], 추가하여 써넣는 형태로 보완되었다.

---

29) 6.2 〈논문 2〉 3장 해주오씨 족보의 편찬과 족도(族圖) 기록의 반영/ 해주오씨 족보 발간 연혁 참조

※ 주 ; 6.2 〈논문 2〉 3장 해주오씨 족보의 편찬과 족도(族圖) 기록의 반영/
해주오씨족보 발간 연혁 참조

가) 무술보(戊戌譜) 발문(跋文)

① 무술보 발문 원본(原本)

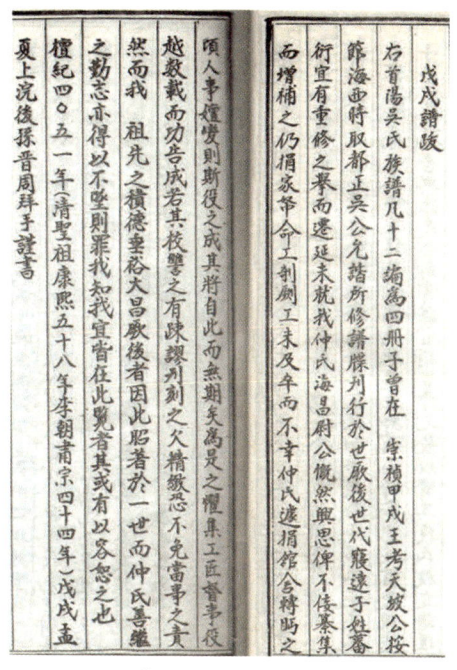

1718년 『무술보』 발문(跋文) 원본

② 무술보 발문 주해(注解)

우(右) 수양오씨(해주오씨) 족보가 무려 12권인 것을 4권으로 만들었다.

요전 1634년 인조 12년(명, 崇禎) 갑술보(甲戌譜)에 있어서 우리 조부 천파 공 휘 오숙(吳䎘)께서 황해도 감찰사로 계실 때 그전 도정(都正) 윤해(允諧) 공이 수집한 족보 뭉치를 가져다가 발간하여 세상에 나오게 되었다.

그 후 세대가 점점 멀어지고 자손이 번성함으로써 당연히 이것을 새로 꾸며야 할 것이나 이리저리 미루어 나가게 만 되다 보니 아무런 성과가 없었던 것을 우리 형님 해창위(海昌尉) 오태주(吳泰周, 1668~1716)가 애처롭게 생각하여 우둔한 나로 하여금 수집하고 편찬하게 하는 동시에 증보하고 보첨할 것은 첨가하라고 하였다.

그래서 우리 집 사재(私財)를 가지고 공장(工匠, 기술자)을 시켜 인쇄를 시작하고 아직 필역(畢役, 마침)도 되기 전에 불행하게도 우리 형님이 별안간 세상을 떠나고 말았다. 눈 한번 깜작할 사이에 인사의 변천이 이와 같이 덧없는 것을 보아 이 보사의 완성은 장차 이제부터 기한이 없을까 하여 크게 두렵기도 하고 염려한 나로서는 더욱 공장(工匠, 용역)에게 재촉하여 일을 계속한 지, 몇 해 만에야 겨우 완료되었다.

그런데 교정이 정확하지 못하고 인쇄가 흐린 것 같은 것은 책임자 된 자의 책임을 면할 수 없으나 우리 선조께옵서 음덕을 쌓고 좋은 법을 내려주셔서 크게 후손을 창성하게 한 것이 이 족보로 인하여 더욱 이 세상에 밝게 나타나고 우리 형님의 선대를 계승한 성근의 뜻이 또한 떨어지지 않게 되니만큼 나를 책망할 것도 나를 알아줄 것도 다 여기에 있다 할 것이다. 보는 이들이 혹시나 용서하실는지

1718년(무술년) 4월 상순 후손 진주(晉周)는 절하고 삼가 씀

나) 해주오씨 무술보 범례(凡例)

① 吳氏舊譜 始出於工曹典書吳光廷 而初創未成 其子舍人先敬 追其先志而繼述之 其後百七十四年 都正允諧 乃復重修 而觀察使翻鋟梓於海西巡營 後七十有三年 復此修正云/ **(해주오씨 족보의 편찬 경위)**

옛 오씨(吳氏)의 족보는 처음에 공조전서(工曹典書) 오광정(吳光廷)에게서 비롯되었으나, 초고 단계에서 미처 완성되지는 못하였다. 그 뒤 아들 사인(舍人) 오선경(吳先敬)이 선대의 뜻을 이어받아 다시 계승하여 정리하였다.

그 후 174년이 지나 도정(都正) 오윤해(吳允諧)가 다시 중수하였고, 이어 관찰사(觀察使) 오숙(吳翻)이 해서(海西) 순영(巡營)에서 목판으로 간행하였다.

그로부터 다시 73년 뒤에 또다시 이를 수정하여 고쳤다.

② 一依舊譜 修正增補 而舊譜中 多載外派 故今皆刪略 限以三代 云/ (구보 즉 족도와 오숙 편찬 초간 족보에는 외파가 모두 실려 있음. 지금부터는 3대에 한정)

옛 족보에 의거하여 수정하고 보완하였다. 그런데 옛 족보에는 외계(外派, 곧 본계에서 갈라져 나간 방계) 기록이 많이 실려 있었으므로, 지금은 모두 삭제·생략하고, 삼대(三代)까지만 제한하여 실었다.

③ 譜書 作六層橫間 逐間而依昭穆書錄名諱 若其表德·別號·生卒·丘墓·科第·爵秩及配室姓氏貫系 詳錄於旁註 而上世文獻無徵 或未免闕缺之歎 且因諸家 各自修錄 互有詳略之不同 云/ (6층으로 칸을 만들어서 소목에 따라서 명휘를 씀. 표덕, 별호, 생졸, 구묘, 과제, 작질 및 배실의 성씨와 관계를 방주로 씀. 상세는 결락이 많음.)

족보는 여섯 층의 가로 칸으로 만들어, 각 칸마다 소목(昭穆)의 차례에 따라 이름과 휘(諱)를 기록하였다. 만약 그 사람의 덕행 표창, 별호, 출생과 사망, 묘소, 과거 급제, 작위와 벼슬, 그리고 배위의 성씨와 본관 계통 등이 있으면 곁주(旁註)에 자세히 기록하였다.

그러나 윗세대에 관한 문헌은 증거가 없어, 빠지고 결핍된 아쉬움이 없지 않다.

또한 여러 집안에서 각각 따로 족보를 편찬하였으므로, 서로 간에 자세하고 간략한 점에서 차이가 있었다.

④ 譜例 皆先男後女 而序次不可卞 故首書第幾以明之 庶派 不可行序爲次 紊亂等級 皆錄于下 略其旁註云/ **(선남후녀로 쓰고 몇째라는 것을 써서 구별. 서파는 생략)**

족보의 예(例)는 모두 남자를 앞에, 여자를 뒤에 기록하였다. 형제의 서차(序次, 태어난 순서)는 바뀔 수 없으므로, 맨 앞에 몇째인지를 먼저 적어 분명히 하였다.

또한 서자(庶子)의 계통은 형제 서차대로 차례를 매길 수 없으므로, 등급 질서를 어지럽히지 않도록 모두 아래에 기록하고 곁주는 간략히 처리하였다.

⑤ 出後於人者 不書以繼者 所以重承統 而旁註輒書本生親名 且於本生名下 亦書出繼某後 以便考見云/ **(출계자(양자·양손)는 본문 계통에는 양가 기준으로 올리되, 주석에는 반드시 생부 이름을 기록하고, 생가 쪽에도 "누구에게 출계하였다"라고 적는다)**

다른 집안에 양자로 출계(出後)한 자는, 그 양부(養父)의 계통을 잇는 사람으로 기록하지 않았다. 이는 승통(承統, 계승 체계)을 중히 여기기 때문이다.

다만 곁주(旁註)에는 반드시 본생(本生, 친생) 부모의 이름을 함께 적었으며, 또한 본생의 이름 아래에도 "아무개 집안에 출계하여 양자가 되었다"라고 기록하여,
훗날 살펴보는 데 편리하도록 하였다.

⑥ 本宗 不限代數 無論親疎 旁註皆錄婚娶官職 外派則外孫 書其婚娶 曾玄只書官職 以存內外輕重隆殺之別云/ (**본종은 대수, 친소에 관계 없이 방주에 모두 혼취와 관직을 쓰고 외파는 외손만 혼취를 쓰고 증손, 현손은 관직만 씀**)

본종(本宗, 직계 종손 계통)은 세대를 제한하지 않고, 가까움과 멂을 따지지 않으며, 곁주(旁註)에 모두 혼인과 관직을 기록한다.

외파(外派)의 경우에는 외손에 대해서는 혼인만 기록하고, 증손·현손(曾玄, 손자의 아들·증손 이하)에 대해서는 관직만 기록하였다. 이는 안과 밖(內外)의 관계에서 경중·존비(輕重隆殺)의 구별을 두기 위함이다.

⑦ 有前後娶人 則旁註各書生幾男女與無後 以明其所出云/ (**족보에서는 계통(혈통) 명확성이 가장 중요하기 때문에, 전처·후처가 있을 경우 자손 출처(所出)를 반드시 기록한다.**)

전처(前妻)와 후처(後妻)를 둔 경우에는, 곁주(旁註)에 각각 몇

남자 몇 여자 자식을 두었는지, 혹은 후사가 없는지를 기록하여 그 자손이 누구에게서 출생했는지를 분명히 하였다.

⑧ 配室 尊行則書以配字 稍降則書以娶字 庶派則皆書以娶云/ (**족보에 배우자를 기록할 때, 본가 적장자 계통은 "配某氏", 나머지 아들들은 "娶某氏"로 기록한다.**)

배우자(配室)를 기록할 때, 존귀한 신분일 경우에는 "配(배필할 배)"자를 써서 표시하고, 조금 낮은 경우에는 "娶(장가들 취)"자를 써서 기록하였다. 또한 서자(庶派)의 경우에는 모두 '娶' 자로 기록하였다.

⑨ 女壻 必書郡望 父名與科宦 而且錄前後娶 俾無子孫相混之弊 或詳或闕者 諸家單錄不齊之故云/ (**사위는 반드시 군망을 쓰고 부명과 과환, 전 후취를 씀**)

사위(女壻)는 반드시 그 가문의 본관(郡望)과 아버지 이름, 그리고 과거 급제나 관직(科宦)을 기록하였다. 또한 전처·후처가 있으면 그것까지 함께 기록하여 후대의 자손들이 서로 혼동되는 폐단이 없게 하였다.

그러나 어떤 경우는 자세히 기록되기도 하고, 또 어떤 경우는 빠지기도 하였으니, 이는 여러 집안이 각자 따로 족보를 기록하면서 기재가 고르지 못했던 까닭이다.

⑩ 後生之未及冠笄者 只書曰子曰女 以待日後之追塡云/ (**아직 관례, 계례하지 않은 경우는 자, 녀로만 씀**)

후세 인물 가운데 아직 성년식(冠笄, 관례·계례)에 이르지 못한 자는, 그저 '子'(아들), '女'(딸)라고만 적어 두고, 장차 날이 지나 성인이 된 뒤에 뒤따라 보충하여 기록하도록 하였다.

⑪ 同貫而譜牒無徵 源派未承者 並皆入錄他編 以備後考云/ (**동관인데 증거 보첩이 없거나 원파에 이어지지 않는 경우는 타편에 입록**)

같은 본관(同貫)이라 하더라도 족보의 증거가 없거나, 계통 원파(源派)가 아직 분명히 이어지지 않은 경우에는, 모두 따로 다른 편(他編)에 기록하여 두어 훗날 다시 고증하고 이어갈 수 있도록 하였다.

⑫ 編次先後 一從舊譜 而舊譜外新增 則皆以單子修送先後爲次 不得 任意下上云/ (**편차 선후는 구보에 따르고 신증의 경우는 단자 수송 선후로 수록**)

편차(編次, 기재 순서)는 모두 옛 족보를 따른다. 만약 옛 족보에 없는 인물을 새로 추가하게 될 경우에는, 가족에서 제출한 단자(單子, 별지 보고서)의 제출 선후(先後)에 따라 순서를 정하였고, 임의로 위아래를 바꾸어 기록하지 못하게 하였다.

⑬ 每編每張 塡千字文 以考次第 而各編各張所塡之字 分類彙錄 某編之載某派某派之屬某字 一一列書於卷首云/ **(편장에 천자문을 써넣어 고열에 편의 도모)**

각 편(編)과 각 장(張)마다 천자문(千字文)의 글자를 채워 넣어 차례와 순서를 살펴볼 수 있게 하였다. 그리고 각 편과 각 장에 채워 넣은 글자를 따로 분류하여 모아, 어느 편에는 어느 파(派)가 실렸으며, 어느 파에 속하는 자손은 어떤 글자를 받았는지를 일일이 기록하여 책의 맨 앞(卷首)에 배열해 두었다.

⑭ 諸家先代碑誌 各以世代次第 皆得編輯 以爲附錄 俾後人有所考徵云/ **(족보의 부록에는 각 가문의 선대 비문·행장 기록을 세대순으로 모아 싣고, 후손들이 이를 근거로 삼아 선조의 삶과 행적을 연구할 수 있도록 한다.)**

여러 집안 선대(先代)의 비문(碑誌, 묘비명·행장 등)을 각각 세대의 순서에 따라 편집하여 모두 엮고, 이를 부록(附錄)으로 삼아 후손들이 참고하고 고증할 수 있게 하였다.

■ 해주오씨 무술보 14개 범례(凡例)

번호	규칙 요약	상세 설명
①	남자 먼저, 여자 뒤	기록은 **남자 → 여자** 순. 아들은 반드시 출생 순서(장자·차자 등)를 표시. 서자는 본처 자손과 뒤섞이지 않도록 아래에 따로 기록, 곁주는 간략.
②	출계(양자) 기록	양자로 간 사람은 양부 가문의 계승자로 기록하지 않고, 본가와 출계처 모두에 곁주를 달아 출처를 분명히 함.
③	본종과 외손 기록	본종(직계)은 세대 제한 없이 혼인·관직까지 기록. 외손은 혼인만, 증손·현손은 관직만 기록하여 내외의 위계를 구분.
④	전·후처 구분	전처와 후처가 있을 경우, 각각 낳은 아들·딸 수나 후사가 없음을 곁주에 기록.
⑤	배우자 표기	본처 등 존귀한 경우 "배(配)", 조금 낮은 경우 "취(娶)". 서자 계통은 모두 "취(娶)"로 기록.
⑥	사위(女壻) 기록	반드시 본관·부친 이름·과거 합격 및 관직을 기록. 전·후처 여부도 기록하여 자손 혼동 방지. 다만 집안마다 기록의 자세·누락 차이가 있음.
⑦	미성년자 기록	성년식(관례·계례)에 이르지 않은 경우 이름 대신 '子'·'女'로만 기록하고, 성인 후에 보충 기재.
⑧	본관 같으나 계통 불분명	같은 본관이라도 계통 증거가 없거나 이어지지 않으면 본류에 넣지 않고, 따로 부록(他編)에 기록해 후대 고증에 대비.

⑨	편차 순서	기록 순서는 옛 족보를 따름. 새로 추가된 인물은 각 집안이 제출한 단자(單子)의 제출 순서대로 기재. 임의로 순서 변경 불가.
⑩	항렬자(行列字) 규칙	각 편·장마다 천자문의 글자를 채워 항렬 순서를 정하고, 이를 분류·정리해 책 첫머리에 일람표로 제시.
⑪	선대 비문 부록	여러 집안의 선대 묘비명·행장을 세대 순으로 편집해 부록으로 수록, 후손들이 참고·고증할 수 있게 함.
⑫	기록 형식	족보는 여섯 칸 가로 배열로 작성. 이름·휘는 본문, 덕행·별호·생몰·묘소·관직·배위는 곁주에 기록. 상고시대는 문헌 부족으로 결핍 있음.
⑬	남녀 기재 원칙	족보 작성 시 남자 우선, 여자 후. 형제는 반드시 순서를 표시하여 혼란 방지.
⑭	통일성 문제	여러 집안이 각자 족보를 편찬하다 보니 기록의 상세·간략이 서로 달라 불일치가 생김을 인정. (보완 필요성 명시)

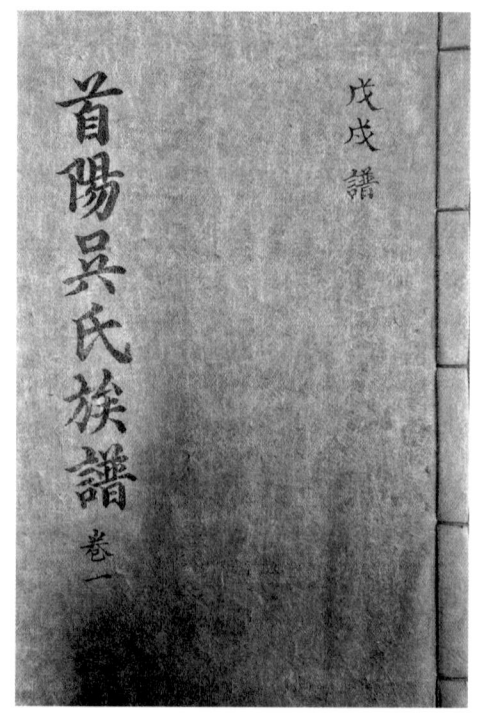

『해주오씨(수양오씨) 무술보(戊戌譜)』 1718년 사본

제4장 맺음말

 지금까지 조선 시기 선대(先代) 파악 방식의 족보 반영 양상을 『해주오씨족도(族圖)』를 중심으로 알아보았는데 해주오씨 가계(家系) 기록에 대한 검토를 통하여 알 수 있는 것은 다음과 같다.

 조선 전기까지만 하더라도 전체 해주오씨의 가계 기록은 그다지 커다란 관심사는 아니었고 제대로 정리되어 전승되지 않았다는 것이다.

조선 초기에 그렸다는 족도(族圖) 기록은 사실 동대비원 녹사인 4세 오승(吳昇)의 선대(先代) 기록으로 추정된다. 족도의 선대 파악이 모두 4세 오승(吳昇)에서 출발하고 있기 때문이다. 특히 오승(吳昇)은 네 아들 5세 자1 효성(孝成) 자2 효순(孝純) 자3 효충(孝冲) 자4 효전(孝銓)을 두어서, 이 네 아들을 계기로 하여 해주오씨가 번성하게 되었다.

따라서 이른바 『해주오씨족도(族圖)』는 해주오씨만 기록한 것이 아니고 오승(吳昇)의 선대 중에서 현달(顯達)한 인물의 가계를 찾아서 추적하여 기록해 둔 것이라고 할 수 있다.

이는 고려 시대부터 16세기 무렵까지 이어진 가계 계승(家系 繼承)의 양측(兩側)적 친속(親屬, 가까운 일가) 계승 의식의 반영이라고 할 수 있다.

따라서 족도와 이를 그대로 반영한 1634년(인조 12) 16세 오숙(吳䎘)의 『갑술보(甲戌譜)』는 그러한 가계 기록의 모습을 유지하고 있다. 갑술보에서부터 해주오씨 부계친 중심의 가계 기록을 종합하기 위하여 해주의 동족들의 가계 기록을 모았으나 선대를 연결할 수가 없어 부록으로 처리할 수밖에 없었던 것이다.

해주오씨 18세 오진주(吳晉周)가 편찬한 1718년(숙종 44) 『무술보(戊戌譜)』 단계에 와서야 비로소 부계친 중심의 가계 기록으로 전환을 하게 된다. 이를 다른 가문의 가계 기록으로 확대하여 일반화할 수는 없지만 이를 정리한다면 다음과 같다.

첫째, 17세기 후반에 들어와서 양측(兩側)적 친속(親屬)의 가계(家系) 기록이 부계친(父系親) 중심의 가계 기록으로 변화하였다는 것이다.

둘째, 해주오씨와 같은 명문가문(名門家門)도 17세기 초반에 와서야 비로소 족보가 간행되었고, 그 선대 기록에 대해서는 결락(缺落)이 많고 오류(誤謬)가 지속되고 있었다는 것이다.

선세(先世)에 대한 오류가 지속되고 있었는데, 예를 들면 오연총(吳延寵)을 시조로 인식한 것을 오희문(吳希文, 1539~1613)이 "고려사"와 족도를 통하여 일부나마 선대(先代)에 대한 기록을 바로 잡았다는 점을 주목할 수 있다.

셋째, 좌의정 14세 추탄 오윤겸(吳允謙)이 황해도 관찰사 16세 오숙(吳䎘)에게 당부하여 족도를 기초로 하여 여러 파로부터 수단[收單, 여러 사람의 이름을 쓴 단자(單子)를 거두어들임]을 하여 족보편찬을 시작하였다는 것과 계파(系派)가 시조에 닿지 않은 부분은 별보(別譜)로 처리하여, 당시의 일반적 흐름인 부계(父系)친 중심의 가계 기록 편찬의 경향에 맞추어 족보를 편찬하게 된다는 점이다.

논문은 한국 최초의 족보 해주오씨족도를 중심으로 해주오씨 족보의 편찬 경위와 기록을 비교적 구체적으로 밝히고 있다. 해주오씨가 명문 가문으로 족도를 중심으로 족보 발행 하면서도 부족한 당시 모습과 보완 발전하는 족발 편찬 과정을 잘 밝히고 있다.

족도 발문(跋文)에 기술된 대로 시조 선대의 연계 자료의 아쉬움과 고려사에 나타난 문양공 오연총과의 연대 등도 연구 보완할 사항으로 지적하고 있다.

지금까지 한국 최초의 족보 해주오씨족도의 편찬과 발견 중요성 등을 여러 각도에서 정리하였다고 여겨진다. 이를 참고로 과거와의 연계를 보완하고 미래 중심으로 나아가 계보학 종주국의 역할과 사명을 다하여야 하리라 여겨진다.

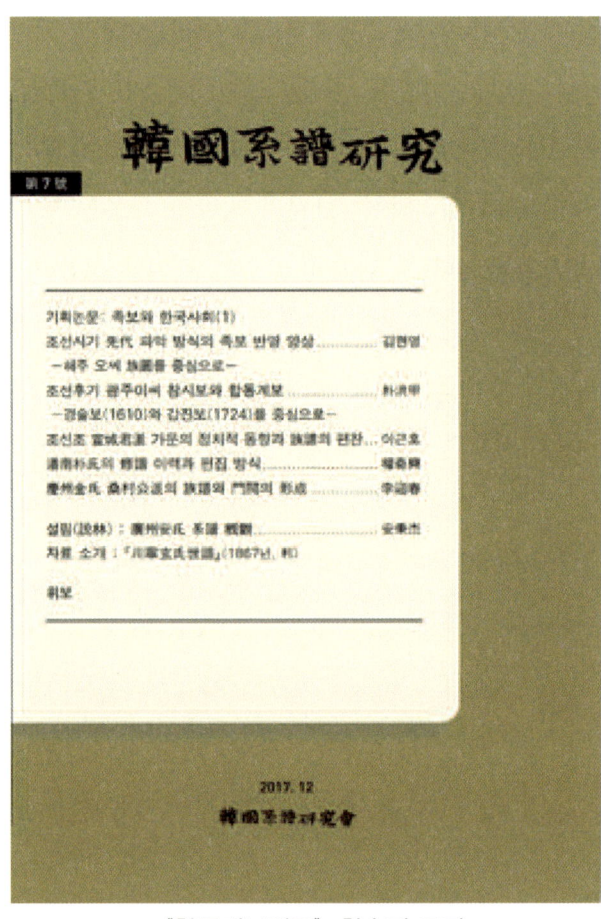

《한국계보연구》 학술지 표지

참고문헌 자료 출처

- **해주오씨족도(海州吳氏族圖)** ; 1401년(태종 1) 8세 사인(舍人) 공 오선경(吳先敬) 작성한 우리나라 최초의 족보
- **해주오씨족보(海州吳氏族譜)** ; 해주오씨 최초의 종합족보 1634년 갑술보(甲戌譜)를 비롯한 최근의 인터넷 전자 족보까지 20회 넘게 편찬되어 있음
- **고려사(高麗史)** ; 조선 초기 김종서(金宗瑞), 정인지(鄭麟趾) 등이 세종의 교지를 받아 만든 고려 시대의 역사책으로, 세가(世家) 46권, 지(志) 39권, 연표 2권, 열전 50권, 목록 2권 총 139권으로 되어 있음
- **조선왕조실록(朝鮮王朝實錄)** ; 조선 시대 제1대 왕 태조로부터 제25대 왕 철종에 이르기까지 25대 472년간의 역사를 연월일 순서에 따라 편년체로 기록한 역사서로, 1,893권 888책. 필사본・인본. 정족산본과 태백산본 등이 일괄적으로 국보 제151호로 지정되었음. 그리고 1997년에는 훈민정음과 함께 유네스코 세계기록유산으로 등록되어 있음. 일제강점기에 쓰여진 26대 고종, 27대 순종 실록은 제외
- **쇄미록(瑣尾錄)** ; 조선 시대 학자 해주오씨 13세 오희문(吳希文)이 임진왜란(壬辰倭亂)과 정유재란(丁酉再亂) 당시 1591~1601년(9년 3개월) 상황을 기록한 실기(實記). 피란일기(避亂日記)

- 쇄미록(瑣尾錄) 번역본 ; 오희문(吳希文)의 임진왜란(壬辰倭亂) 피란일기(避亂日記) 쇄미록(瑣尾錄) 한글 번역본 2018년 12월 장성덕, 김유빈, 안성은/ 2020.11 신병주 해설
- 추탄집(楸灘集) ; 조선 후기의 학자·정치가 해주오씨 14세 좌의정 호 추탄(楸灘) 오윤겸(吳允謙)의 시문집으로, 3권 2책. 목판본. 1692년(숙종 18)에 손자 16세 오도일(吳道一)이 대제학으로 있으면서 간행
- 천파집(天坡集) ; 조선 후기의 문신·학자 해주오씨 16세 호 천파(天坡) 오숙(吳䎘)의 시문집으로 4권 4책. 목판본. 1646년(인조 24) 아우 오빈(吳䎙)이 진주목사로 있을 때 편집, 간행
- 서파집(西坡集) ; 조선 후기의 문신 해주오씨 16세 호 서파(西坡) 오도일(吳道一)의 시문집으로 30권 15책. 고활자본. 1729년(영조 5)/ 17세 아들 오수엽(吳遂燁)이 영유현감(永柔縣監)으로 있으면서 간행
- 양곡집(陽谷集) ; 조선 후기 문신 해주오씨 18세 호 양곡(陽谷) 오두인(吳斗寅)의 시가와 산문을 엮어 1762년에 간행한 시문집으로, 4권 2책. 목활자본. 1762년(영조 38) 증손 20세 오재유(吳載維)가 간행
- 취몽헌집(醉夢軒集) ; 조선 후기 오위도총부도총관, 조지서제조, 귀후서제조 등을 역임한 문신. 서예가 해주오씨 18세 호 취몽헌(醉夢軒) 오태주(吳泰周) 문집
- 월곡집(月谷集) ; 조선 후기 문신 해주오씨 19세 호 월곡(月谷)

오원(吳瑗)의 시·소차·서(書)·제문 등을 수록한 시문집으로 14권 7책. 활자본

- **순암집(醇庵集)** ; 조선 후기 문신·학자 해주오씨 20세 호 순암(醇庵) 오재순(吳載純)의 시가와 산문을 엮어 1808년에 간행한 시문집. 10권 5책. 활자본. 1808년(순조 8) 아들 21세 오희상(吳熙常) 등이 편집, 간행

- **노주집(老洲集)** ; 조선 후기의 문신·학자 해주오씨 21세 호 노주(老洲) 오희상(吳熙常)의 문집/ 오희상의 아들 22세 오치성(吳致成)이 유고(遺稿)를 수집해 38권 19책으로 간행한 것을 증손 23세 오준영(吳俊泳)이 수정해 1892년(고종 29)에 간행

- 『용인 해주오씨 추탄 오윤겸 종택 전적 – 계회도와 시첩 – 』, 한국정신문화연구원, 2004.

- 『수양세가(首陽世家) – 해주오씨 추탄 후손가』, 한국학중앙연구원 장서각, 2008.

- 『세적(世蹟) – 해주오씨 정무공파 종중』, 에이팩스커뮤니케이션즈, 2014년.

- 『해주오씨족도고(海州吳氏族圖考)』, 정재훈(鄭在勳), 『동아연구』, 제17집, 서강대 동아연구소, 1989년.

- 『조선초기 가계기록(家系記錄)에 대한 일고찰』, 오영선, 『전농사론(典農史論)』제7집, 서울시립대학교 국사학과, 2001년.

- 『조선 시기 선대(先代) 파악 방식의 족보반영 양상 ; 해주오씨 족도를 중심으로』, 김현영(낙산고문헌연구소 소장), 『한국계보

연구』 제17집, 2017년.
- 『15~17세기 族譜의 編制 방식과 성격 ; 序跋文의 내용 분석을 중심으로』, 권기석, 『규장각』 30, 서울대학교 규장각한국학연구원, 2007.
- 『조선시대 族譜의 入錄階層 확대와 한계 ; 凡例의 관련 규정을 중심으로』, 권기석, 『조선시대사학보』 55, 조선시대사학회, 2010.
- 『한국의 族譜 연구 현황과 과제』, 권기석, 『한국학논집』 44, 계명대학교 한국학연구원, 2011.
- 『『礪山宋氏十二世系』의 다원적 혈연의식과 사회관계망』 권기석, 『규장각』 48, 서울대학교 규장각한국학연구원, 2016.
- 「족보의 자녀 수록 방식을 통해서 본 여말선초 족보의 편찬 배경 ; 『安東權氏成化譜』・『文化柳氏嘉靖譜』를 중심으로」 이정란, 『한국중세사연구』 25, 한국중세사학회, 2008.
- 한국민족문화대백과사전 (한국학중앙연구원)
- 네이버 지식백과 (네이버)
- 두피디아(Doopedia), (두산동아)
- 한국사데이터베이스 (국사편찬위원회)
- 우리말샘 (국립국어원 표준국어대사전)
- 한국민속대백과사전 (국립민속박물관)
- 위키백과(한국어판)
- Chatgpt, 오픈AI 외

해주오씨 심볼 휘장(徽章)

- 뜻 : 해주오씨는 한마음 한 뜻으로 단합하여 영원히 발전한다.

- 해설
  1. 한가운데 "吳(오)" : 영원한 혈족 해주오씨
  2. 둥근 원(圓) : 진리 생명의 근본으로 한마음 한 뜻
  3. 노란색(黃, Yellow) : 자신감을 갖고 새로운 아이디어로 풍요로운 생활을 상징
  4. 파란색(靑, Blue) : 상쾌하고 시원하며 균형과 조화를 상징
  5. 도형 : "해"에서   "주에서   "오(吳)"에서
              해   주   오

해주오씨 심볼 마크 해설

- 2008년 홈페이지 개설과 함께 해주오씨대종회 CI 작업 기(旗)와 마크 제정
- 마크 외곽은 한글 해주의 『ㅎ』과 주의 『ㅈ』을 형상화(形象化)한 것이며 마크 속 『吳』자는 초당 이무호 선생의 서예로 "사람, 으뜸, 최고"를 뜻함

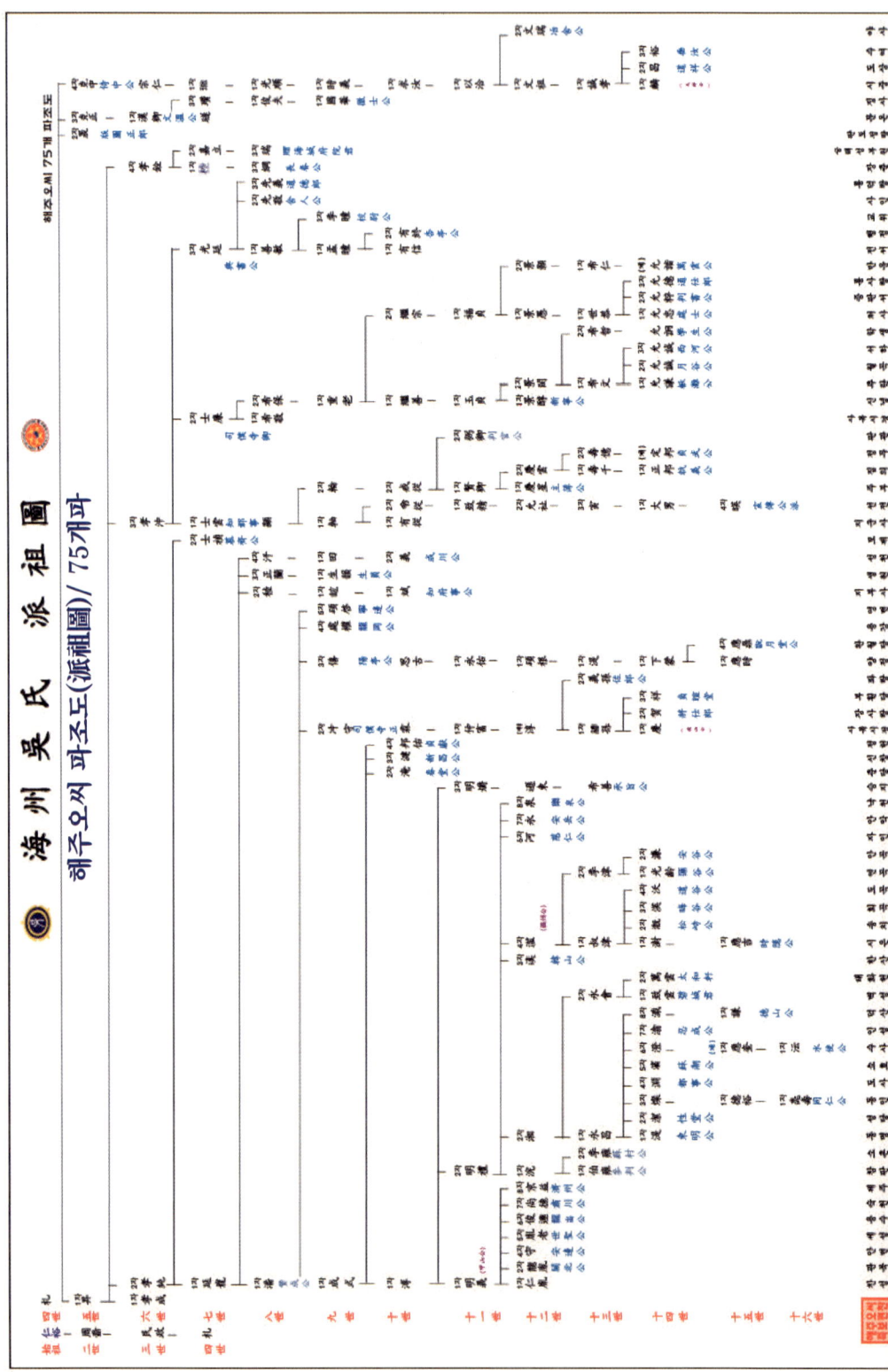

부록

해주오씨족도 관련 논문

| 자료 1 |

해주오씨족도고(Genealogical Table of the Haeju O Clan)

정재훈(Jae Hoon Jung)
서강대학교 동아연구소1989.02
동아연구 vol. 17313-338(26pages)
UCI; I410-ECN-0102-2009-910-003777556

| 자료 2 |

조선시기 선대(先代) 파악 방식의 족보 반영 양상
-해주 오씨 족도(族圖)를 중심으로-

김현영 (Kim Hyunyoung) 2017
한국계보연구 한국계보연구회 75~36(32p)

┃자료 1┃

海州吳氏族圖考

鄭 在 勳

I. 머리말　　　　　　Ⅲ. 構成內容
Ⅱ. 現傳經緯　　　　　Ⅳ. 맺음말

I. 머리말

　海州吳氏族圖는 가로 112cm, 세로 115cm 크기의 壯紙 1장에 海州吳氏 1世부터 9世까지, 그리고 海州吳氏 3世, 4世, 5世와 通婚圈을 이루는 집안의 家系를 手筆로 상세히 記錄하고 있는 것이다. (圖版 I 參照) 그런데 한 집안의 家系 記錄이 이와 같이 族圖라는 名稱과 形式으로 現傳하는 경우는 아직까지 그 實例를 찾아 볼 수 없는 것으로 주목할 만한 資料가 아닌가 한다.

　海州吳氏族圖에 대해서는 吳希文(1539~1613)의 『瑣尾錄』[1] 및 『海州吳氏甲辰譜』(1964 刊)에 각각 관련 기사와 사진이 실려있다. 그러나 그 現傳 與否가 불확실하여 그동안 記錄으로만 傳하는 것으로 여겨왔던 것이다.[2] 그런데 1987年 7月 14日 MBC T.V 방송[3]을 통하여 처음으로 實物이 公開 됨으로써 그 現傳과 所藏者 등이 구체적으로 밝혀지게 되었던 것이다.

　筆者는 이 방송을 통해 그에 대해서 궁금하게 여기고 있던 중 다행히

---

1) 『瑣尾錄』第7 宣祖 33年 庚子 5月條.
2) 鄭炳洗 『韓國族譜書誌序集』(亞細亞文化社, 1987) p.12 參照. 氏는 또한 海州吳氏族圖를 刊本으로 추정하기도 하였다.
3) 이날 T.V 방송이 있은 후 1987年 7月 23日字 京鄉新聞에도 관계 기사가 보도된 바 있다.

所藏者의 협조를 얻어 現傳하는 海州吳氏族圖를 직접 보고 分析할 수 있게 되었다. 그리고 이제 그 결과를 소개하기에 이른 것이다. 本稿가 麗末鮮初 家系 記錄의 硏究에 다소나마 도움이 되었으면 한다. 귀한 資料를 열람케 해 준 所藏者에게 감사드린다.

Ⅱ. 現傳經緯

記錄으로만 傳하던 海州吳氏族圖가 비교적 양호한 상태로 오늘날까지 남아 있다는 것은 매우 다행스러운 일이 아닐 수 없다. 그러면 海州吳氏族圖가 언제 누구에 의해서 어떤 意圖로 作成되었는지를 구체적으로 살펴보는 것이 급선무일 듯 하다. 이에 대해서는 現傳하는 海州吳氏族圖의 左側 中下端 부분에 걸쳐있는(本文內「表1」參照) 跋文이 참고된다. 그 全文을 소개하면 다음과 같다.

 A—1. 右圖元本 先君子親自草創 未及整頓 而違世 故往往職諱 或有闕焉 至於所載職諱 亦未免一二之謬誤也 且先君子嘗謂予曰 吳氏正派 派流求源 不止於此 意其屬籍 藏在禹氏之家 姑待後日 極本窮源 而圖寫之 未就素志 遽不幸也 可勝惜哉 吾今當喪廬墓故 因其元本以圖之 無以終先君子未遂之志也 嗚呼 先君子年老眼昏 尙不憚勞神苦思 爰輯古圖 操紙執筆 度彼參此 分別內外祖宗傳世之久 使知積蓄之由也 其爲子孫萬世 慮至深遠也 若職諱之闕 正派之源 行乎宗族之門 遍觀屬籍 庶可以知之矣 雖不知 亦無害於此圖也
 建文三年辛巳仲多上旬四日 不孝罪人吳先敬 直夫 謹跋

A—1에서 보는 바와 같이 海州吳氏族圖의 作成은 典書公 吳光廷[4]에 의해서 처음 시작되었다.[5] 그러나 그가 當代 完結을 보지못하고 他界 함에

---

 4) 吳光廷에 대해서는 史書에 傳하는 記錄이 없는 듯 하다. 단지 海州吳氏族圖를 통하여, 그가 高麗朝 工曹典書를 역임하였으며, 卒年이 대략 朝鮮 太祖代임을 알 수 있을 뿐인데, 工曹의 장관인 判書가 恭愍王 18年(1369)에 典書로 개칭되었음을 볼 때,(『高麗史』 76 志 30 百官 1 工曹條) 고려의 멸망과 조선왕조의 건국이라는 過渡期에 주로 활동한 인물이 아닌가 여겨진다.
 5) 本文中에 언급되는 海州吳氏의 家系에 대해서는 「別表」의 海州吳氏世系表를 참조할 것.

따라 그의 둘째 아들인 舍人公 吳先敬[6]이 父親의 草案을 정리하여 建文 3年 즉 朝鮮 太宗 元年 A.D. 1401年 11月에 완성하고, 이 跋文을 撰하였던 것이다. 이를테면 海州吳氏族圖는 父子 2代에 걸친 노력의 결과 만들어진 것이라고 하겠다.

그리고 跋文에 따르면, 吳光廷이 海州吳氏族圖를 作成하려고 하였던 意圖가 後代 子孫들에게 家門의 悠久함과 그 積善한 理由[7]를 알리려는데 있었음을 알 수 있다.

이렇게 해서 만들어진 海州吳氏族圖의 그 이후의 행방은 吳希文이 저술한 『瑣尾錄』의 다음의 기사로 확인된다.

A-2 始吾年少蒙暗時 先君即世 諸叔父亦皆早歿 祖宗世系直派 杳莫聞知 亦無可問之處 常以爲恨 中年竊聞先世族圖 在同姓吳公安國氏家 躬造訪問 則果有之 安國氏以其老病不見出 其子鑌出待 請出圖本而見之 有一障子 大如一間壁許……遂遭壬辰之變 擧國奔波 都城蕩覆灰燼之餘 廓有子遺 意其此圖 必不保存 以其時未即傳寫 爲平生一大恨 去年秋 舍弟希哲 寓在塘村先壠下 幸逢安國氏弟憲國氏子瑛 居水原地者問其族圖有無 則曰 當初埋土獲全 出藏其家云(『瑣尾錄』第 7 宣祖 33年 庚子 5月條)

즉 壬辰倭亂을 前後한 시기에 海州吳氏族圖는 當時 水原에 거주하고 있었던 吳光廷의 둘째 형인 吳士廉의 6代孫이자, 吳希文과는 從兄弟 사이

---

6) 海州吳氏族圖에 의하면 吳先敬의 高麗朝에서의 관직은 成均直學이었다. 그가 어떤 경로를 통해서 出仕하였는지는 알 수 없으나, 父親 吳光廷이 工曹典書였음을 볼 때, 成均直學은 아마 蔭職이 아니었나 여겨진다. 朝鮮朝에 들어와서 吳先敬의 政治的 진출은 定宗 元年(1399) 丙科에 及第한 이후 太宗代부터 본격적으로 시작된다. 즉 太宗 8年(1408)에 正言(『太宗實錄』16, 8年 戊子 12月 戊子), 同 10年에 持平(同上書 19, 10年 庚寅 正月 己丑), 同 16年에는 段子織造色 別監(同上書 31, 16年 丙申 5月 己亥)을, 그리고 世宗 元年(1419)에는 軍資正으로서 柳廷顯의 對馬島征伐 從事官(『世宗實錄』4, 元年 己亥 5月 甲子)을 거치고, 同 2年에는 舍人(同上書 10, 2年 庚子 12月 乙未) 등을 역임하였다.

7) 이와 같은 표현이 『文化柳氏嘉靖譜』內의 『永樂譜』序에도 나오고 있음이 주목된다. 즉 「或曰 文化柳氏後嗣之蕃 左尹公敦[]活命 陰德使然也 愚則以爲 易曰 積善之家 必有餘慶 其冝 積者非一鮮一事之謂也 自古顯當世 而享大名者 非不多 然其子孫繼繼縣縣 不失家業 以至數□年之久者」가 그것이다.

인 吳安國의 집에 보관되어 있었음을 알 수 있다.

그리고 현재 이를 所藏하고 있는 분은 吳光廷의 첫째 아들인 吳善敏(先敏)의 18代孫인 吳環煥氏이다. 현재 釜山에 居住하고 있는 이 분의 말에 의하면, 지금은 作故하였지만, 慶尙南道 咸陽郡 安義面에 居住하였던 그의 祖父 때 이미 家內에 보관되어 있었다고 한다. 그뒤 그의 父親을 거쳐 자신에게 이르렀다는 것이다.[8]

그런데 海州吳氏族圖가 現傳하는 과정에서 전혀 문제가 없었던 것은 아닌 듯하다. 그것은 다음과 같은 2가지 理由 때문이다. 첫째, 現傳하는 海州吳氏族圖의 No.3 (本文內 「表 1」 參照)를 주목해 보면 알 수 있는데, 이 부분의 內容이 No.2, No.4, No.5, No.6, No.7, No.8의 내용에 비해 차이가 난다는 것을 발견하게 된다. 즉 No.3를 제외한 다른 부분은 그 내용중 海州吳氏의 家系가 9世까지로 한정되어 있는데 반해서 No.3는 10世이후 14世까지도 記錄되어 있기 때문이다.[9] 둘째, No.3는 또한 다른 부분에 비해서 그 筆體가 다르다는 사실이다. (圖版 Ⅱ 參照)

---

8) 海州吳氏族圖의 사진이 처음으로 공개된 곳이 1964年에 刊行된 『海州吳氏甲辰譜』인데, 이때의 소장자가 吳環煥氏의 祖父인 吳聖泳氏이다. 그리고 1977年 『海州吳氏世譜』乾·坤 2冊을 刊行할 때도 乾編에 사진을 실었는데 그 당시는 吳環煥氏의 父親인 吳自根氏가 소장하고 있었던 것이다.
　한편 吳環煥氏는 현재 海州吳氏族圖뿐만 아니고 海州吳氏의 族譜를 비롯하여 敎旨, 戶口單子, 田畓文記 등 각종의 古文書類도 상당수 소장하고 있는데, 그것들도 모두 그의 祖父代부터 소장되어온 것이나, 그 이전의 경위에 대해서는 알 수 없다고 하였다.

9) 現傳하는 海州吳氏族圖를 보면, No.3에 記錄되어 있는 13世와 14世의 판독이 다소 어려운 상태에 있다. 때문에 No.3의 내용을 이루는 10世부터 14世까지를 海州吳氏族圖와 『海州吳氏世譜』를 바탕으로 복원하면 다음과 같다.

```
 9世    10世      11世        12世         13世  14世
┌吳軸
└吳輪┬子郡守舜從                           ┌壽千─┌正邦
     └子郡守戒從─子左通禮賢卿─子左丞旨慶雲─┤     └定邦
                                          └壽億──定邦
```

海州吳氏族圖의 내용을 보면, 子女(壻)를 男女 구분하지 않고 모두 기록하고 있는데, 여기서는 女(壻)를 제외한 直系 子孫 만을 기록함으로써 14·5C와 17C의 가계 기록의 차이를 엿보게 해 준다.

한편『瑣尾錄』의 다음과 같은 기사는 現傳하는 海州吳氏族圖가 1401年 吳先敬에 의해서 作成된 것이 아닐지도 모른다는 생각을 갖게 해주기에 충분하다고 여겨진다.

A—3 去年秋 舍弟希哲 寓在塘村先壟下 幸逢安國氏弟憲國氏子璞 居水原地者 問其族圖有無 則曰當初埋土獲全 出藏其家云 余聞來庶有得見之路 喜不自勝 今年春初 二男允諧適以事往廣州農村 去水原不遠 故令其就見傳書 而果即使人取圖而來 —— 依本傳錄……萬曆庚子仲夏端陽 在平康西村寓家 書之(同上書)

A—3에 의하면, 萬曆 庚子年(宣祖 33, 1600) 봄 吳希文이 그의 둘째 아들인 吳允諧(1562~1629)에게 當時 水原 吳安國의 집에 보관하고 있었던 1401年 吳先敬 作成의 海州吳氏族圖를 빌려다가 한부 더 筆寫케 하였다는 것을 알 수 있다. 따라서 現傳하는 海州吳氏族圖가 吳先敬이 1401年에 作成한 것인지 아니면 吳允諧에 의해서 1600年 다시 筆寫한 것인지도 아울러 밝혀야 할 중요한 문제인 것으로 생각된다.

그러면 먼저 No.3의 내용에 대해서 살펴보기로 하자. 이 부분은 두말할 나위 없이 添錄된 것이 분명하다.[10] 그리고 그 添錄은 13世인 吳壽千 (1516~1586), 吳壽億(1519~1593) 또는 14世인 吳正邦, 吳定邦(1552~1625)代에 와서 이루어졌다고 여겨진다. 12世인 吳慶雲(?~1525)代까지도 상정해 볼 수 있겠으나, 吳慶雲이 吳定邦의 出生 이전에 사망하였기 때문에 그것은 불가능하다고 하겠다.

그렇다면은 다음으로 그 添錄時期를, 吳壽億과 吳定邦의 生沒年代에 근거하여, 吳允諧가 1401年의 海州吳氏族圖를 다시 筆寫한 1600年을 기준으로 먼저 그 이전으로 볼 경우를 생각해 보자. 그러면 1600年 吳允諧가 1401年의 海州吳氏族圖를 다시 筆寫할 때 No.3를 포함한 내용 전체를 동일한 筆體로 筆寫하였을 것은 자명하다. 그것이 오늘날 傳하는 海州吳氏族圖라면 No.3와 같이 筆體가 다른 부분이 있을 수 없을 것이가 때문이

---

10) 그 이유는 자명하다. 무엇보다도 吳壽千과 吳壽億, 그리고 吳定邦의 生存時期가 吳先敬(1374~1420年代頃)과 100여년 이상의 차이가 나기 때문이다.

다. 그렇지 않고 1600年 이후로 볼 경우, No.3와 같은 내용이 포함되지 않은 海州吳氏族圖가 한부 더 탄생하게 된다.

끝으로 1600年 이후 13世 또는 14世가 No.3의 내용을 添錄하였다면 그 海州吳氏族圖가 1401年 吳先敬이 作成한 것인지 아니면 1600年 吳允諧가 다시 筆寫한 것인지가 문제로 남는다. 이에 대해서는 『瑣尾錄』의 다음과 같은 기사가 참고될 것 같다.

A—4 因使允諧 廣求高祖進士以下子孫支派・內外世孫 無使遺落 ——載錄 成爲一冊(同上書)

A—4에서 보는 바와 같이, 吳希文은 1600年 吳允諧에게 그의 高祖父 이하 子孫支派・內外世孫을 널리 구하게 하여 이를 일일이 싣고 한권의 冊을 만들게 했다는 것이다.

여기서 첫째, 吳希文이 그의 高祖父 이하 子孫支派・內外世孫을 「——載錄」케 하였다면, 그것은 1600年의 것에 표기하였을 가능성이 높다. 이는 現傳하는 海州吳氏族圖에는 그러한 내용이 없기 때문이다. 둘째, 吳希文이 자신의 高祖父 이하를 「——載錄」하였다고 했는데 現傳하는 海州吳氏族圖의 No.3의 內容처럼 그 자신의 直系 祖上을 제외한 채, 支派의 祖上 만을 添錄시킨다는 것은 이해할 수 없는 일이다. 결국 1401年 吳先敬이 作成한 海州吳氏族圖에 No.3와 같은 內容이 添錄되어진 것으로 믿어진다.[11]

이와 같이 海州吳氏族圖는 1401年 吳先敬에 의해 作成된 이후 現傳하는 과정에서 부분적인 내용이 添錄되어 오늘날까지 전하고 있는 것이다. 그리고 그것은 14・5C와 17C의 家系 記錄의 차이[12]를 보여주는 좋은 예가 될 수 있을 것으로 여겨진다.

---

11) 現傳하는 海州吳氏族圖의 紙質이 14・5C에 일반적으로 사용되어진 것이라는 점(東亞大學校 博物館 資料課長 李容琁氏 敎示)도 그 作成年代를 뒷받침하는 근거가 될 수 있을 것으로 여겨진다.
12) 註 9 參照.

Ⅲ. 構成內容

海州吳氏族圖는 한장의 壯紙에 表題와 跋文 그리고 海州吳氏의 家系 뿐만 아니라 그들과 직접, 간접적으로 通婚圈을 맺어 內外家系를 이루는 人物의 家系까지를 망라한 내용으로 構成되어 있다. 때문에 그 내용을 한꺼번에 소개한다는 것은 매우 어려운 작업이 아닐 수 없다. 따라서 筆者는 海州吳氏族圖를 구성 내용 별로 表 1과 같이 먼저 영역을 나누어서 그 각각을 살펴 보고자 하였다. 그리고 그를 통해서 海州吳氏族圖의 전체적인 특징을 파악코자 하였다.

「表 1」에서 보는 바와 같이, 海州吳氏族圖는 모두 9개 부분으로 이루어져 있다. 가장 중심이 되는 海州吳氏 家系는 No. 4이며, 그와 관련되는 집안은 No. 2, No. 5, No. 6, No. 7, NO. 8이다. 그리고 No. 1, No. 9, No 3는 각각 表題, 跋文, 添錄 內容을 담고 있다.

「表 1」 海州吳氏族圖의 構成

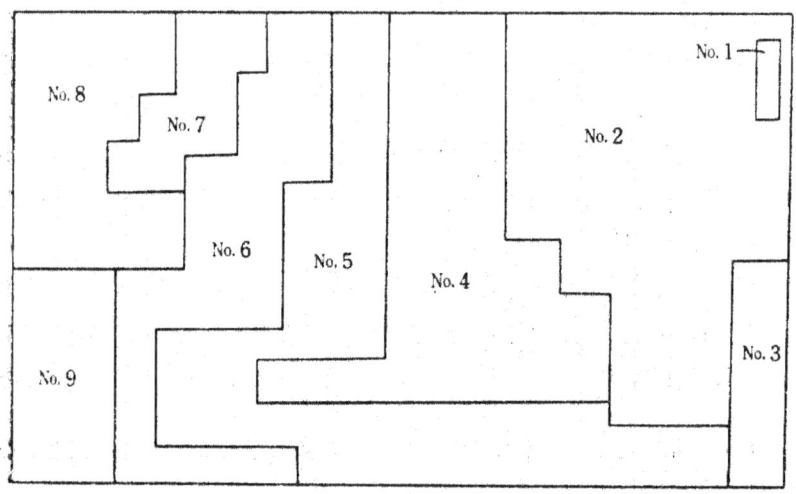

그중에서 먼저 No.1을 보면, 이것은 일종의 表題로서 가로 5cm, 세로 33cm 크기의 韓紙가 붙어있다. 거기에는 세로로 海州吳氏族圖라는 題目과 그 밑에 2줄로 (典書公諱光廷草創 / 舍人公諱先敬圖寫)라고 간략하게 설명을 表記하고 있다. 이 韓紙를 떼어보면 그 바탕에는 아무런 글자도 쓰여져 있지않다. 附着 時期와 作成者는 알 수 없지만 처음부터 붙여진 것은 아니라고 여겨진다.[13]

이와 같은 점은 海州吳氏族圖의 作成 당시에는 表題를 쓰지 않았음을 말해 주는 것이라고 하겠다. 그렇다면 작성 당시에는 어떻게 불려졌는가 하는 점이 궁금해진다. 다음의 『瑣尾錄』 기사가 참고된다. 즉,

「始吾年少蒙暗時 先君卽世 諸叔父亦皆早歿 祖宗世系直派 杳莫聞知 亦無可問之處 常以爲恨 中年竊聞先世族圖」(『瑣尾錄』 第 7 宣祖 33 年 庚子 5月條)

라고 한 바와 같이, 吳希文(1539~1613)이 中年에 先世의 族圖가 전해져 오고 있음을 들었다고 하는 것으로 보아, 비록 작성 당시 表題를 써 두지는 않았지만, 그때부터 族圖 또는 海州吳氏族圖라고 불려졌음이 분명하다고 여겨진다.

No.9는 吳先敬이 撰한 跋文으로 여기에 대해서는 앞서 그 全文을 소개한 바 있고, 또한 그 내용에 대해서는 본문내에 부분적으로 언급하였기 때문에 생략하기로 한다. 아울러 No.3도 앞에서 詳述한 바 있으므로 제외하고자 한다.

이상의 No.1, No.9, No.3를 제외한 나머지 부분은 海州吳氏 및 그와 通婚圈을 맺은 家系로 먼저 No.4부터 살펴 보기로 하자. 그 내용을 소개하면 다음의 「表 2」와 같다.

「表 2」에서 보는 바와 같이, No.4는 檢校軍器監 吳仁裕로부터 그의 8代孫인 萬戶 吳軸과 副司直 吳輪까지의 海州吳氏家系이다. 海州吳氏族譜에 의하면, 吳仁裕 및 吳軸과 吳輪은 海州吳氏 1世와 9世에 해당된다. 따라

---
13) 韓紙의 紙質과 書體가 나머지 부분과 매우 다른 것으로 보아 아마 近來에 붙여진 듯하다.

海州吳氏族圖考

「表 2」 No. 4 構成內容

檢校軍器監吳仁裕本海州　○子內庫副使周裔　○子秘書監民政　○子檢校尙書左
僕射行大子詹事札　○子追封中正大夫典客令東大悲院錄事昇一

○長子大護軍孝成	○壻安東判官朴仁海	○女子夫起居袞尹東明	○長子佐郎宗文 壻宰臣禹洪薦 壻大卿許玢 壻諫議李來 子宗貞 壻大護軍權方知
二子知白州孝純	○長女夫典法判書李昉 夫密直副使金鼎	○女子	○長子書雲正若時 二子藝文春秋館學士若采 三子光城君若恒 ○女子夫中樞院副使金陞
	子判事延寵	女子判書成紀先夫曺	長子淮陽府使曺軫 二子砥平監務成守良 三子珍元監務成守敬 四女子
	三女夫大護軍李龜縮无后		
	○四女夫權務洪植松	○子判官由善	
三子內侍豊儲倉丞孝冲	○長子泰安郡事士雲	長子軍器少尹顒	○女夫司直金陸 男萬戶吳軸 女夫學諭黃士諫 男副司直吳輪
		女夫平壤少尹朴祁	○子正郎自晤 子司直自潁
		○女夫中樞院學士李伯由	
	二子書雲副正士廉	○長子內侍提控希慶 二子直長同正希保	
	○三子工曺典書光廷	○長女夫原州判官趙偀 子別將善敬 二女夫司宰少監崔天丙 三子成均直學先敬 四子成均幼學先義 ○五女	
○四子郎將孝銓	○長女夫副令許仁貴	○長女夫判事馬馳遠 二女夫掌令金鏧 三女夫羅州牧使林球	
	○二女夫版圖正郎金原粹		

서 No. 4는 海州吳氏 1世부터 9世까지의 家系를 그 내용으로 담고 있는
것이다.

그런데 吳先敬은 海州吳氏族圖 跋文에서 海州吳氏의 先系를 吳仁裕로부
터 시작하게 된 이유를 다음과 같이 밝히었다.

「且先君子嘗謂予曰 吳氏正派 泝流求源 不止於此 意其屬籍 藏在禹氏之家 姑待後

曰 極本窮源 圖而寫之 未就素志 遽不幸也 可勝惜哉 吾今當喪廬墓故 因其元本以
圖之 無以終先君子未遂之志也」

즉 吳仁裕 이전의 先系가 記錄되어 있는 屬籍이 있었으나 그것이 禹氏 집안에 所藏되어 있는 관계로[14] 미처 확인을 못하고 作成하였기 때문이라는 것이다.

그뒤 吳仁裕는 1634年 海州吳氏族譜로서는 처음으로 刊行되는 『海州吳氏甲戌譜』에도 海州吳氏의 始祖로 記錄된다. 이는 『海州吳氏甲戌譜』가 다름아닌 海州吳氏族圖를 기본 자료로 하여 刊行되었기 때문인 것이다.[16] 이러한 사실을 통하여 海州吳氏族圖는 族譜가 보편화되기 전에 家系를 어떤 方法과 形式으로 記錄하였을까 하는 의문을 해소시켜 주는 좋은 자료가 아닌가 한다. 여기에 海州吳氏族圖가 갖는 資料的 意義가 있다고 보여진다.

앞의 「表 2」를 보다 알기 쉽게 정리하면 「表 2-1」과 같다.

「表 2-1」 No. 4의 個人別整理

番號	人名	本貫	官職	家系	備考
1	吳仁裕	海州	檢校軍器監		
2	吳周裔	〃	內庫副使	吳仁裕의 子	
3	吳民政	〃	祕書監	吳周裔의 子, 蔡椿의 女壻	
4	吳札	〃	檢校尙書左僕射行大子詹事	吳民政의 子, 崔執圭의 女壻	檢校尙書左僕射行太子詹事(『高麗史』)
5	吳昇	〃	追封中正大夫典客寺令東大悲院錄事	吳札의 子, 金信祐의 女壻	

14) 屬籍의 辭典的 意味는 戶籍, 宗族의 名籍, 圖譜를 붙인 것(諸橋轍次『大漢和辭典』參照)등이라고 하나, 이 경우도 그와 같은 것인지는 알 수 없다. 다만 그 屬籍이 禹氏 집안에 소장되어 있었다면, 그 이유는 짐작할 만 하다. 海州吳氏族圖의 전체 내용을 통해 볼 때, 海州吳氏와 관련되는 禹氏는 丹陽禹氏 禹賢寶의 아들인 禹洪壽 뿐이다. 따라서 앞에서 말한 禹氏 집안이란 丹陽禹氏를 가리키는 것임을 알 수 있다. 禹洪壽는 「表 2」에서 보듯이 尹東明의 女壻이고 尹東明은 朴仁海의 女壻인데 朴仁海가 吳孝成의 女壻인 관계로 결국은 海州吳氏와 丹陽禹氏가 비록 간접적이긴 하나 婚戚關係를 맺고 있었기 때문에 海州吳氏의 屬籍이 丹陽禹氏의 집안에 소장되었을 것으로 생각된다.
15) 『瑣尾錄』第7 宣祖 33年 庚子 5月條 및 『海州吳氏世譜』乾編 「甲戌譜跋」參照.

海州吳氏族圖考   323

6	吳孝成	〃	大護軍	吳昇의 長子	
7	朴仁海		安東判官	吳孝成의 女壻	
8	尹東明	茂松	起居奏	朴仁海의 〃	起居注(『高麗史』)
9	宗文	〃	佐郞	尹東明의 長子	
10	禹洪壽	丹陽	宰臣	〃 女壻	
11	許玢	孔岩	大卿	〃 〃	
12	李來	慶州	諫議	〃 〃	
13	尹宗貞	茂松		〃 子	
14	權方祐		大護軍	〃 女壻	
15	吳孝純	海州	知白州	吳昇의 二子	
16	李昉	延安	典法判書	孝純의 長女壻	
17	金鼎	光州	密直副使	李昉의 女壻	
18	金若時	〃	書雲正	金鼎의 長子	
19	金若采	〃	藝文春秋館學士	〃 二子	
20	金若恒	〃	光城君	〃 三子	
21	金陞	安東	中樞院副使	〃 女壻	
22	吳延寵	海州	判事	吳孝純의 子	
23	曺			吳延寵의 女先壻	
24	成紀	昌寧	判書	〃 女壻	
25	曺軫		淮陽府使	〃 의 女先壻 (23)의 子	
26	成守良	昌寧	砥平監務	成紀의 二子	
27	成守敬	〃	珍元監務	〃 三子	
28		〃		〃 四女	
29	李龜縮		大護軍	吳孝純의 三女壻	無后
30	洪植松		權務	吳孝純의 四女壻	
31	洪由善		判事	洪植松의 子	洪田善(『海州吳氏世譜』)
32	吳孝冲	海州	內侍豊儲倉丞	吳昇의 三子	
33	吳士雲	〃	泰安郡事	吳孝冲의 長子	
34	吳顥	〃	軍器少尹	吳士雲의 長子	
35	金睦		司直	吳顥의 女壻	
36	吳軸	海州	萬戶	〃 子	
37	黃士諫	尙州	摩諡	〃 女壻	黃士幹(『海州吳氏世譜』)
38	吳輪	海州	副司直	〃 子	
39	朴祁	竹山	平壤少尹	吳士雲의 女壻	
40	朴自晤	〃	正郞	朴祁의 子	
41	朴自穎	〃	司直	〃	

168 최초의 족보 해주오씨족도(族圖)

42	李伯由	全州	中樞學士	吳士雲의 女婿	
43	吳士廉	海州	書雲副正	吳孝冲의 二子	
44	吳孝慶	〃	內侍提控	吳士廉의 長子	
45	吳孝保	〃	直長同正	〃 二子	
46	吳光廷	〃	工曹典書	吳孝冲의 三子	海州吳氏族圖草案者
47	趙儇		原州判官	吳光廷의 長女婿	
48	吳善敏	海州	別將	〃 子	
49	崔天丙	江華	司宰少監	〃 二女婿	
50	吳先敬	海州	成均直學	〃 三子	海州吳氏族圖完成者
51	吳先義	〃	成均幼學	〃 四子	
52		〃		〃 五女	
53	吳孝銓	海州	郞將	吳昇의 四子	
54	許仁貴		副令	吳孝銓의 長女婿	
55	馬馳遠	木川	判事	許仁貴의 長女婿	
56	金肇		掌令	〃 二女婿	
57	林球	鎭川	羅州牧使	〃 三女婿	
58	金原粹		版圖正郞	吳孝銓의 二女婿	

한편 위의 「表 2」에 보이는 秘書監 吳民政(3世), 檢校尙書左僕射行大(太)子詹事 吳札(4世), 東大悲院錄事 吳昇(5世)과 직접 또는 간접적으로 通婚關係를 이루는 人物들의 家系가 No. 2, No. 5, No. 6, No. 7, No. 8 이라 하겠다.

먼저 No. 2는 다음의 「表 3」과 같다.

「表 3」에서 보듯이 No. 2는 守大(太)師中書令 任元厚 집안의 家系로 吳仁裕의 曾孫인 吳札과 玄孫인 吳昇이 이와 관련이 있다. 吳札의 경우 任元厚의 外孫子인 承宣 崔光裕가 吳札의 장인인 員外郞 崔執圭의 妻父이다. 그리고 吳昇은 樞密院副使 崔允愷의 女婿인 禮部侍郞 金信祐의 女婿인데, 崔允愷의 妻가 任元厚의 아들인 門下平章事 任儒(濡)의 둘째 딸이 되기 때문에 任元厚의 家系가 記錄된 것이라 여겨진다.

그리고 No. 2에는 이와 아울러 任元厚의 큰딸 및 세아들의 後孫과 그들의 婚戚關係까지도 상세히 밝히고 있다.[16] 그런데 여기서는 잘못 記錄된

---

16) No. 2에는 先系의 表記가 확실치 않은 人物이 記錄되어 있다. (「表 3」 參照)

海州吳氏族圖考   325

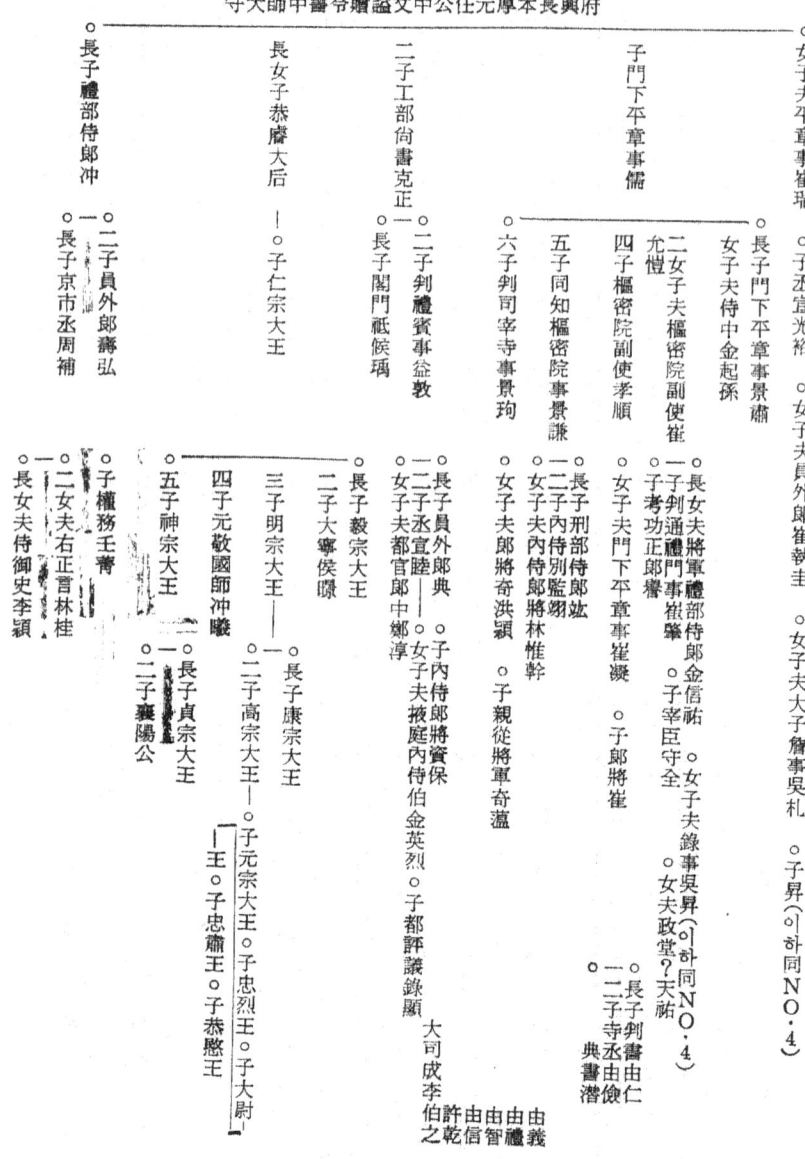

170 최초의 족보 해주오씨족도(族圖)

부분이 발견된다.[17] 즉 仁宗이 任元厚의 長女인 恭睿大(太)后의 아들로, 그리고 高宗이 明宗의 둘째 아들로, 각각 表記되어 있다는 점이다. 『高麗史』에 의하면 恭睿大(太)后의 경우, 仁宗의 妃로서 毅宗, 大寧侯 暻, 明宗, 元敬國師 冲曦, 神宗 등을 낳았다고 하였다.[18] 그리고 高宗은 康宗의 元子이기 때문이다.[19]

특히 No.2에서 주목할 만한 점은 子女(壻)를 表記함에 있어서의 形式이다. No.4, No.5, No.6, No.7, No.8은 子女(壻)를 表記함에 있어서 모두 男女를 구분하지 않고 出生 순서대로 오른쪽에서 왼쪽으로 表記하고 있다. 그러나 No.2는 몇몇 例를 제외하고는 왼쪽에서 오른쪽으로도 表記되어 있어서 다른 부분에 비해 2가지 表記 形式이 混在해 있음이 그것이라 하겠다.

이와 같이 任元厚 집안의 家系를 내용으로 하고 있는 「表 3」을 다시 정리하면 「表 3-1」과 같다.

「表 3-1」 No.2의 個人別整理

番號	人名	本貫	官職	家系	備考
1	任元厚	定安	守大師中書令		守太師中書令(『高麗史』)
2	任 冲	〃	禮部侍郞	任元厚의 長子	
3	任周補	〃	京市丞	任冲의 〃	
4	李 穎	慶源	侍御史	任周補의 長女壻	

이중 許乾이 孔岩許氏 許僑의 아들이라는 것만 확인하였을 뿐(朴龍雲 「高麗時代의 定安任氏・鐵原崔氏・孔岩許氏 家門分析」『韓國史論叢』3, 1978) 나머지 인물들에 대해서는 筆者의 과문한 탓으로 그 先系를 아직 확인하지 못하였다.

17) 이외에도 海州吳氏族圖의 내용 가운데는 몇군데 더 誤記와 闕字가 있음이 발견된다. 여기에 대해서는 跋文內의 「先君子親自草創 未及整頓而違世 故往往職諱 或有闕焉 至於所載職諱 亦未免一二謬誤也」라는 내용에서도 이미 밝히고 있다. 이러한 부분에 대해서는 「表 2-1, 3-1, 4-1, 5-1」의 備考欄에 典據와 함께 修正과 補完을 해 두었다.
18) 『高麗史』88 列傳 1 后妃傳.
19) 同上書 22 世家 22 高宗.

5	林 桂		右 正 言	〃 二女壻	
6	任壽弘	定安	員 外 郎	任冲의 二子	
7	任壬菁	〃	權 務	任壽弘의 子	恭虜太后(『高麗史』)
8	恭虜太后			任元厚의 長女	
9	仁宗大王			恭虜太后의 子	恭虜太后의 夫(『高麗史』)
10	毅宗大王			仁宗大王의 長子	
11	大寧侯曔			〃 二子	
12	明宗大王			〃 三子	
13	康宗大王			明宗大王의 長子	
14	高宗大王			〃 二子	康宗의 元子(『高麗史』)
15	元宗大王			高宗大王의 子	
16	忠烈王			元宗大王의 子, 順敬大后의 子	
17	太尉王			忠烈王의 子	太尉王(『高麗史』)
18	忠肅王			太尉王의 子	
19	恭愍王			忠肅王의 子	
20	沖 曦			仁宗大王의 四子	
21	神宗大王			〃 五子	
22	貞宗大王			神宗大王의 長子	熙宗(『高麗史』)
23	襄陽公			〃 二子	
24	任克正	定安	工 部 尙 書	任元厚의 二子	
25	任 瑀	〃	閣門祗候	任克正의 長子	
26	任益敦	〃	判 禮 賓 事	〃 二子	任益惇(『定安任氏世譜』)
27	任 典	〃	員 外 郎	任益敦의 長子	
28	任 睦	〃	丞 宣	〃 二子	
29	任資保	〃	內侍郎將	任 睦의 子	
30	金英烈	義城	披庭內侍伯	〃 의 女壻	佐命功臣
31	金 顒	〃	都 評 議 錄	金英烈의 子	
32	鄭 淳	延日	都官郎中	任益敦의 女壻	
33	任 濡	定安	門下平章事	任元厚의 子	任濡(『定安任氏世譜』)
34	任景肅	〃	〃	任濡의 子	
35	金起孫	慶州	門 下 侍 中	任濡의 女壻, 金台瑞의 二子, 奇弼善의 女壻	
36	崔允愷	全州	樞密院副使	〃 의 二女壻	
37	金信祐	慶州	禮部侍郎	崔允愷의 長女壻, 金起孫의 子	
38	崔 肇	全州	判通禮門事	〃 子	
39	崔守全	〃	宰 臣	崔肇의 子	
40	?天祐		政 堂	崔守全의 女壻	

172 최초의 족보 해주오씨족도(族圖)

41	崔 諰	全州	考 功 正 郞	崔允愷의 子	
42	任 孝 順	定安	樞密院副使	任儒의 四子	
43	崔 凝	土山	門下平章事	任孝順의 女壻	
44	崔	〃	郞 將	崔凝의 子	
45	任 景 謙	定安	同知樞密院事	任儒의 五子	
46	任 竑	〃	刑 部 侍 郞	任景謙의 長子	
47	任 翊	〃	內 侍 別 監	〃 二子	
48	林 惟 幹		內 侍 郞 將	〃 女壻	
49	任 景 珣	定安	判 司 宰 寺 事	任儒의 六子	
50	奇 洪 穎	幸州	郞 將	任景珣의 女壻	
51	奇 蘊	〃	親 從 將 軍	奇洪穎의 子	奇蘊(『韓國人의 族譜』)
52	崔 瑞	稷山	平 章 事	任元厚의 女壻	
53	崔 光 裕	〃	丞 宣	崔瑞의 子	
54	崔 執 圭	水原	員 外 郞	崔光裕의 女壻, 崔敎義의 子	
55	吳 舜 從	海州	郡 守	吳輪의 子	添錄
56	吳 戒 從	〃	〃	〃 子	〃
57	吳 賢 卿	〃	左 通 禮	吳戒從의 子	〃
58	吳 慶 雲	〃	左 承 旨	吳賢卿의 子	〃
59	吳 壽 千	〃		吳慶雲의 子	〃
60	吳 壽 億	〃		〃 子	〃
61	吳 正 邦	〃		吳壽億의 子	〃
62	吳 定 邦	〃		〃 子	〃
63	由 仁		判書		先系未詳
64	由 儉		寺丞		〃
65	潛		典書		〃
66	由 義				〃
67	由 禮				〃
68	由 智				〃
69	由 信				〃
70	許 乾	孔岩			〃
71	李 伯 之		大司成		〃

다음으로 No.5인데 먼저 그 내용부터 소개하면 「表 4」와 같다.

「表 4」에서 보는 바와 같이, No.5는 禮部侍郞 金信祐의 家系를 그의 曾祖父인 門下平章事 金鳳毛로부터 記錄한 것이다. 吳昇이 金信祐의 女壻이기 때문인 것으로 보여진다. 그리고 No.5 역시 다른 부분과 마찬가지로

海州吳氏族圖考　　　　　　　　　329

「表 4」 No 5 構成內容

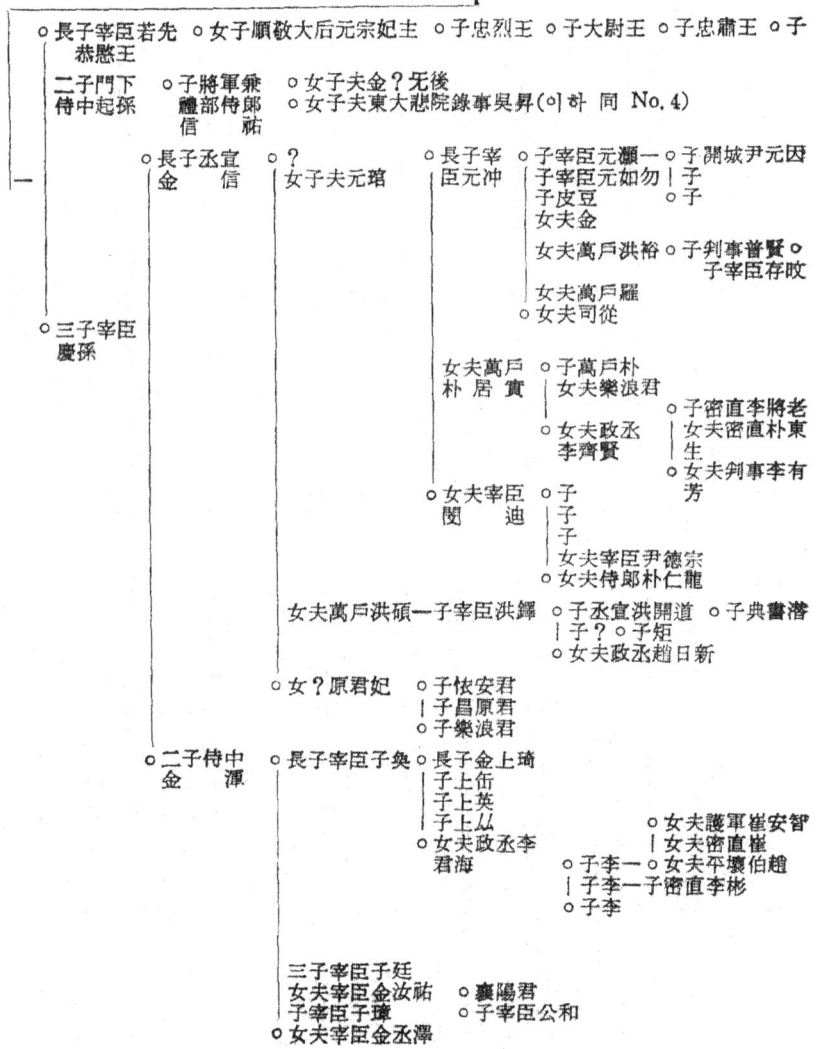

吳昇 이후의 그 子孫들은 No.4의 내용 그대로 중복하여 수록하였다.[20] 그리고 그중에서 다른 부분에는 보이지 않는 禹洪壽의 子女(壻)에 대한 소개가 이 부분에만 있는 것이 눈에 띤다.[21]

한편 No.5를 No.2와 관련하여 보면, No.2에서 任儒(濡)의 女壻로만 기록되어 있는 金起孫의 家系라든지, 또는 No.2의 元宗이 門下平章事 金台瑞의 長子인 宰臣 金若先의 女壻라는 사실도 이를 통하여 알 수 있게 해 준다. No.5는 海州吳氏가 慶州金氏와 婚戚關係를 맺고 있는 사실 뿐만 아니라 慶州金氏家의 通婚關係까지 상세히 밝히고 있는 점에서는 No.2와 같은 形式으로 이루어져 있음을 알 수 있다. 「表 4」를 정리하면 「表 4-1」과 같다.

「表 4-1」 No.5의 個人別整理

番號	人名	本貫	官職	家系	備考
1	金鳳毛	慶州	門下平章事		
2	金台瑞	〃	〃	金鳳毛의 子, 閔湜의 女壻	
3	金若先	〃	宰臣	金台瑞의 長子	

---

20) 海州吳氏族圖가 海州吳氏를 중심으로 작성된 관계로 대부분마다 吳昇代 이후의 子女(壻)를 중복하여 기록하였다. 때문에 筆者로서는 表를 작성함에 있어서 번거로움을 피하기 위하여 해주오씨 가계를 기록하고 있는 No.4(「表 2」)를 제외하고 나머지 No.2, No.5, No.6, No.7, No.8에서의 吳昇代 이후는 모두 생략하였다. 表 3, 4, 5에서 吳昇 이후를(이하 同 No.4)라고 표시한 것이 그것을 말함인데 이에 대한 내용은 「表2」를 보면 곧 알 수 있다. 그리고 吳昇代 이후의 子女(壻)에 대한 생략은 「表 3-1, 4-1, 5-1」에서도 마찬가지인데 그것 역시 「表 2-1」을 보면 알 수 있다.
아울러 밝혀 둘 것은, 圖版 I을 보면 알 수 있듯이, 海州吳氏族圖內의 家系는 모두 縱書로 표기되어 있는데, 여기서는 편의상 No.2의 任元厚의 家系만 縱書로 하고, 나머지는 橫書로 표시하였다.

21) 그 내용을 소개하면 아래의 빗금친 부분이다.

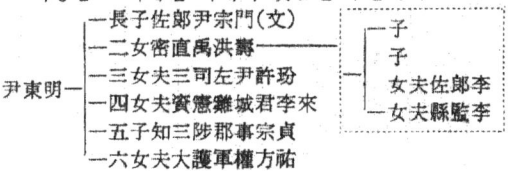

『丹陽禹氏世譜』에 의하면 禹洪壽의 두 아들은 成範과 承範이다.

4	順敬大后	〃	元宗妃主	金若先의 女	順敬太后(『高麗史』)
5	金 ?			金信祐의 女壻	旡後
6		丹陽		禹洪壽의 子	禹成範(本文註 21參照)
7		〃		〃 子	禹承範(〃)
8	李		佐 郎	〃 女壻	
9	李		縣 監	〃 女壻	
10	金 慶 孫	慶州	宰 臣	金台瑞의 三子	
11	金 信	〃	丞 宣	金慶孫의 長子	
12	?		尙 舊	金信의 ?	
13	元 瓘	原州		〃 의 女壻	元瓘(『韓國人의 族譜』)
14	冲	〃	宰 臣	元瓘의 長子	元忠(〃)
15	灝	〃	〃	元冲의 子	元灝(〃)
16	因	〃	開 城 尹	元灝의 子	元寅(〃)
17		〃		〃 子	
18		〃		〃 子	
19	如勿	〃	宰 臣	元冲의 子	
20	皮豆	〃		〃 子	
21	金	光州		〃 女壻	金英利(『萬姓大同譜』)
22	洪 裕	南陽	萬 戶	〃 女壻	洪瑜(『南陽洪氏世譜』)
23	洪 普 賢	〃	判 事	洪裕의 子	
24	洪 存 旼	〃	宰 臣	洪普賢의 子	
25	羅	羅州	萬 戶	元 冲의 女	羅英傑(『羅州羅氏世譜』)
26			司 徒	〃 女壻	
27	朴 居 實	春州	萬 戶	元 瓘의 女壻	
28	朴	〃	〃	朴居實의 子	
29	樂 浪 君			〃 女壻	
30	李 齊 賢	慶州	政 丞	〃 女壻	
31	將老	〃	密 直	李齊賢의 子	李彰路(『萬姓大同譜』)
32	朴 東 生		〃	〃 女壻	
33	李 有 芳		判 事	〃 女壻	
34	閔 迪	黃驪	宰 臣	元 瓘의 女壻	
35		〃		閔迪의 子	
36		〃		〃 子	
37		〃		〃 子	
38	尹 係 宗		宰 臣	〃 女壻	
39	朴 仁 龍	竹山	侍 郎	〃 女壻	
40	洪 碩	南陽	萬 戶	金 信의 女壻	

176 최초의 족보 해주오씨족도(族圖)

41	鐸	〃	宰	臣	洪碩의 子	
42	開道	〃	丞	宣	洪鐸의 子	
43	潜	〃	典	書	洪開道의 子	
44		〃			洪鐸의 子	
45	矩	〃			〃의 子(44)의 子	
46	趙日新		政	丞	〃 女壻	
47	?原君妃				金信의 女	
48	悔安君				?原君妃의 子	
49	昌原君				〃	
50	樂浪君				〃	
51	金渾	慶州	侍	中	金慶孫의 二子	金琿(『慶州金氏世譜』)
52	子與	〃	宰	臣	金渾의 長子	金子興(〃)
53	上琦	〃			金子與의 長子	
54	上缶	〃			〃 子	金上瑤(〃)
55	上英	〃			〃 子	
56	上厷	〃			〃 子	金上璘(〃)
57	李君海	陽城	政	丞	〃 女壻	李邦海(《萬姓大同譜》)
58	李				李君海의 子	
59	崔安智		護	軍	〃 子(58)의 女壻	
60	崔		密	直	〃 子(58)의 女	
61	趙		平壤伯		〃 子(58)의 女壻	
62	李				〃 子	
63	李彬				〃 子(62)의 子	
64	李				〃 〃	
65	金子延	慶州	宰	臣	金渾의 三子	
66	金汝祐		〃		〃 女壻	
67	襄陽君				金汝祐의 ?	
68	金子璋	慶州	宰	臣	金渾의 子	
69	公和	〃	〃		金子璋의 子	
70	金承澤	安東	〃		金渾의 女壻	

끝으로 다른 부분의 家系에 비해 간략히 記錄되어 있는 No.6, No.7, No.8을 편의상 묶어서 그 내용을 소개하면 「表 5」와 같다.

海州吳氏族圖考

「表 5」 No.6, No.7, No.8 構成內容

No.6.
　國子祭酒　○子大倉署　○子員外　○女夫大子　○錄事昇(이하同 No.4)
　崔裵伯　　　丞敎義　　　郎執圭　　詹事吳札

No.7.
　　　　　　○壻宰臣　○子命華　　○?　　　○子淸　　○子祥正
　禮賓卿　　閔湜　　　○壻平章事金台瑞　○子侍中起孫　○子將軍禮部侍郎信祐
　閔志寧─┤　　　　　　　　　　　　　　　○女夫錄事吳昇(이하同 No.4)
　　　　　　○壻員外　○壻祕書監　○壻大子　　　　○子錄事昇(이하同 No.4)
　　　　　　郎蔡椿　　吳民政　　　詹事札

No.8.
　宰臣奇守全　○子上將　○壻侍中　○子將軍禮部　　○壻錄事吳昇(이하同 No.4)
　全本幸州　　　軍彌宣　　金起孫　　侍郎信祐

「表 5」에서 먼저 No.6은 國子祭酒 崔裵伯의 家系이다. 吳仁裕의 曾孫인 吳札이 崔裵伯의 孫子인 崔執圭의 女壻이기 때문에 記錄된 것이라 생각된다.

No.7은 禮賓卿 閔志寧의 女壻에 관한 내용이다. 이는 吳仁裕의 孫子인 吳民政이 閔志寧의 女壻인 蔡椿의 女壻이기 때문이라고 하겠다. 그리고 여기서는 No.5에 나오는 金台瑞가 閔志寧의 女壻중 한사람인 閔湜의 女壻임도 아울러 밝히고 있다.

나머지 No.8은 宰臣 奇守全의 家系이다. 奇守全의 집안이 記錄된 것은 金台瑞의 둘째 아들이자 金信祐의 父親인 金起孫이 奇守全의 아들인 奇彌宣의 女壻이기 때문이다.[22] 그러나 실제로는 吳昇이 金起孫의 아들인 金信祐의 女壻이기 때문에 金起孫의 婚戚關係를 소개한 것으로 보여진다.

이와 같은 세 부분의 내용을 정리하면 「表 5-1」과 같다.

「表 5-1」 No.6, No.7, No.8의 個人別整理

番號	人名	本貫	官職	家　　系	備　考
1	崔裵伯	水原	國子祭酒		
2	崔敎義	〃	大倉署丞	崔裵伯의 子	

22) 金起孫은 「表3」을 보면 알 수 있듯이 任元厚의 아들인 任儒(濡)의 女壻이기도 한데, 여기서 다시 奇彌宣의 女壻로 기록된 점으로 보아 再娶한 것으로 보여진다.

3	閔志寧	黃驪	禮賓卿		
4	閔湜	〃	宰　臣	閔志寧의 女壻	
5	閔命莘	〃		閔湜의 子	閔命莘(『萬姓大同譜』)
6	?	〃		·命莘의 子	閔暉（ 〃 ）
7	閔淸	〃		〃 子(6)의 子	閔漬（ 〃 ）
8	閔祥正	〃		閔淸의 子	
9	閔賢	〃		閔祥正의 子	
10	閔善	〃		〃 子	
11	蔡椿	平康	員外郞	閔志寧의 女壻	
12	奇守全	幸州	宰　臣		
13	奇弼宣	〃	上將軍	奇守全의 子	

이상의 각 부분에서 나타나는 海州吳氏 3代에 걸친 通婚圈의 내용을 간략하게 圖表化하면 「表 6」과 같다.

「表 6」　海州吳氏通婚圈圖

```
           閔志寧
            ∥
吳民政━━━蔡 椿
    │            任元厚
    │             ∥
    │         崔光裕━━━
    │              ∥
    │             崔瑞
    │
   吳札━━崔執圭─崔敎義─崔裹伯
            奇守全  閔志寧
             ∥      ∥
            奇弼宣  閔湜
              ∥
   吳昇＝金信祐─金起孫─金台瑞─金鳳毛
    ∥
   崔允愷  任濡
    ∥      ∥
   任濡   任元厚
    ∥
   任元厚
```

「表 6」에서 알 수 있는 바와 같이, 이들은 직접적으로는 蔡椿(平康), 崔裹伯(水原) 金鳳毛(慶州)와, 간접적으로는 閔志寧(黃驪), 崔瑞(稷山), 任元厚(定安), 崔允愷(全州), 奇守全(幸州), 閔湜(黃驪)의 집안과 상호 婚戚關係를 맺고 있었다.

이제 이상의 내용을 통하여 海州吳氏族圖가 띠고 있는 전체적인 특징은 다음의 몇가지로 요약될 수 있을 것 같다. 첫째, 정면 중앙 부분에 海州吳氏의 家系를, 그리고 그 좌우에는 그들과 通婚圈을 이루는 집안의 家系를 배치하여 海州吳氏와 직접적으로 婚戚關係를 맺은 집안 뿐만 아니라, 간접적인 겹겹사돈의 婚戚關係까지도 모두 밝히고 있다. 둘째, 吳民政, 吳札, 吳昇代까지는 妻家의 先系를 상세히 밝히고 있는 반면에 그 이후는 子와 女(壻)만을 소개하였다. 세째, 吳昇代 이후의 子와 女(壻)를 通婚家에 매번 중복하여 기록하였다. 네째, 海州吳氏는 물론 그 通婚家의 先祖와 子孫 및 女(壻)의 官職까지도 상세히 表記하였다. 다섯째, 子女(壻)를 男女 구분하지 않고 出生 순서대로 表記하였으며 親孫과 外孫을 모두 기록하였다는 점 등이 그 특징으로 지적될 수 있을 것 같다.

IV. 맺음말

지금까지 筆者는 최근에 알려지게 된 海州吳氏族圖에 대해서 살펴 보았다. 이제 그 결과를 간략히 요약하여 맺음말에 대신하고자 한다.

海州吳氏圖는 海州吳氏의 家系를 後代 子孫들에게 알리고자 하였던 吳光廷의 遺業을 계승하여 1401年 그의 둘째 아들인 吳先敬에 의해서 완성되었다. 그 내용은 海州吳氏 家系를 중심으로 그들과 通婚關係를 맺고 있었던 집안의 家系까지도 매우 상세히 기록하였다. 그리고 現傳하는 과정에서 부분적인 添錄이 있었으며, 海州吳氏族譜 作成의 기본 資料가 되었다.

이와 같은 海州吳氏族圖는 族譜 出現 이전에 있어서 한 家門의 家系 記錄의 方法과 形式을 알려주는 資料라는 점에서 그 意義가 있다고 여겨진다. 따라서 高麗末 家系記錄物의 性格과 特徵을 이해하는데 매우 중요한 資料가 될 것이라고 생각된다.

「別表」 海州吳氏世系表

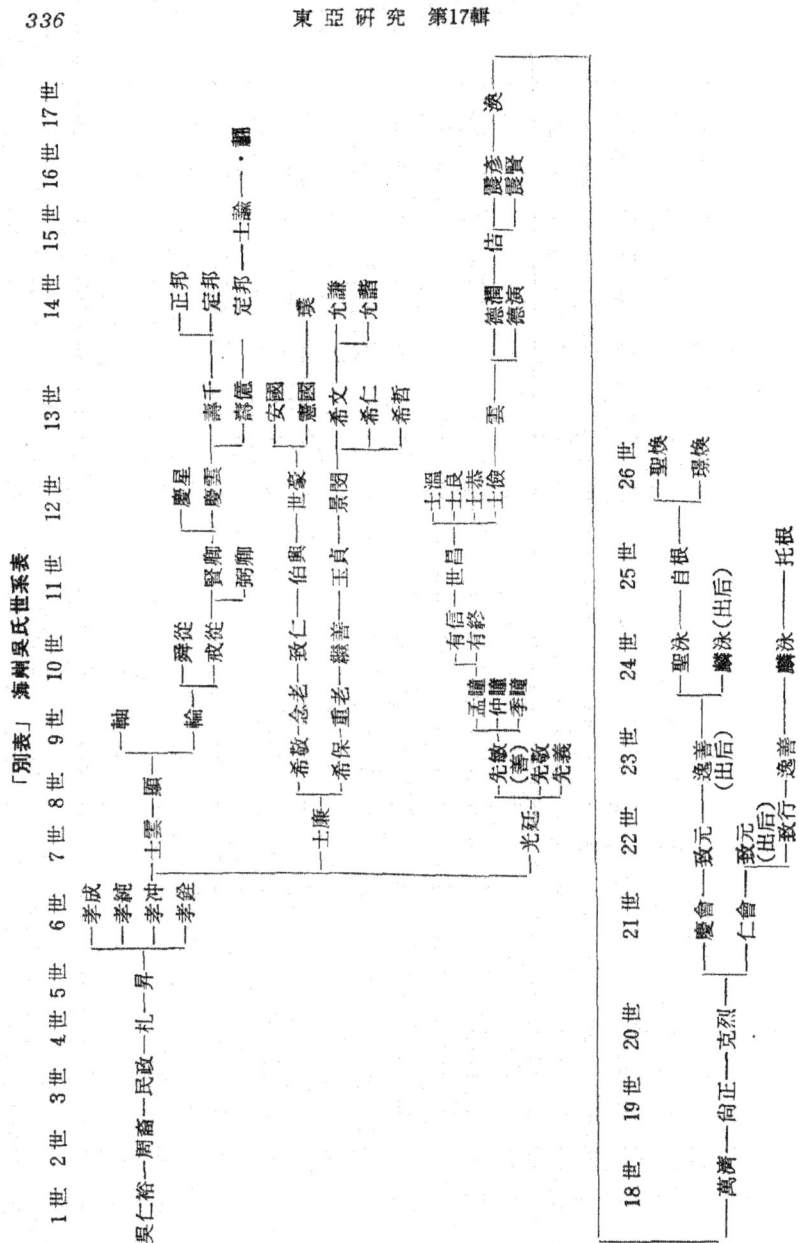

「圖版 Ⅰ」 海州吳氏族圖

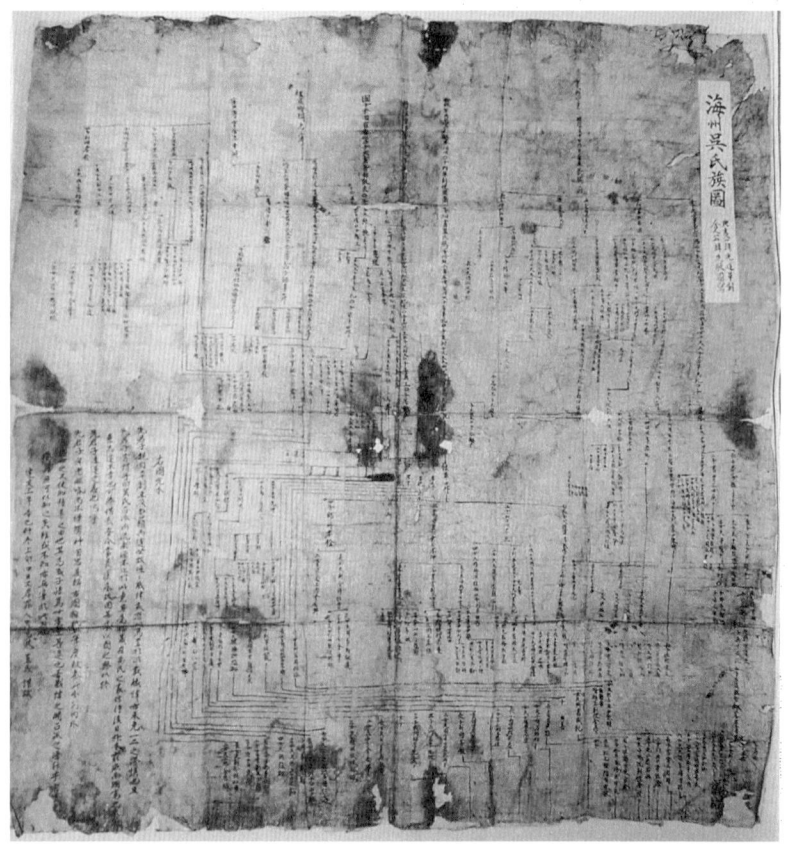

吳環煥氏 所藏

「圖版 Ⅱ」 No.3와 다른 부분과의 筆體

❘ 자료 2 ❘

조선시기 先代 파악 방식의 족보 반영 양상
－해주 오씨 族圖를 중심으로－

김현영*

【目 次】

1. 머리말
2. 해주 오씨 族圖의 편찬과 발견
3. 해주 오씨 족보의 편찬과 족도 기록의 반영
4. 맺음말

❴ 국문요약 ❵

 이 글은 해주 오씨의 족도와 해주 오씨의 족보 편찬 과정을 고찰하여 조선시기 사족의 선대 파악 방식과 그러한 파악 방식이 족보에 어떻게 반영되었는가를 살핀 논문이다.

 조선 전기까지 전체 해주 오씨의 가계 기록은 제대로 정리되어 전승되지 않았다. 해주 오씨의 최초 가계 기록인 조선 초기의 족도는 동대비원 녹사인 오승의 선대를 추적한 기록으로 추정된다. 족도의 선대 파악이 모두 오승에서 출발하고 있다. 오승은 네 아들을 두어서, 이 네 아들을 계기로 하여 해주 오씨가 번성하게 되었다. 해주 오씨 족도는 해주 오

---

* 낙산고문헌연구소

씨만 기록한 것이 아니고 오승의 선대 중에서 현달한 인물의 가계를 찾아서 추적하여 기록한 것이다. 고려시대부터 16세기 무렵까지 이어진 양측적 친속 계승 의식의 반영이다. 족도와 이를 그대로 반영한 오숙의 갑술보는 그러한 가계 기록의 모습을 유지하고 있다. 갑술보에서부터 해주 오씨 부계친 중심의 가계 기록을 종합하기 위하여 해주의 동족들의 가계 기록을 모았으나 선대를 연결시킬 수가 없어 부록으로 처리할 수밖에 없었다. 오진주가 편찬한 무술보 단계에 와서야 비로소 부계친 중심의 가계 기록으로 전환을 하게 된다.

해주 오씨 족보 편찬 과정을 통하여 조선시기 선대 파악 방식과 그에 따른 족보 기록의 편찬 방식은 다음과 같다. 첫째, 17세기 후반에 들어와서 양측적 친속의 가계 기록이 부계친 중심의 가계 기록으로 변화하였다는 것이다. 둘째, 해주 오씨와 같은 명문가도 17세기 초반에 와서야 비로소 족보가 간행되었고, 그 선대 기록에 대해서는 缺落이 많고 誤謬가 지속되고 있었다는 것이다. 셋째, 오윤겸이 오숙에게 당부하여 족도를 기초로 하여 여러 파로부터 수단을 하여 족보 편찬 시작하였다는 것과 계파가 시조에 닿지 않은 부분은 별보로 처리하여, 당시의 일반적 흐름인 부계친 중심의 가계 기록 편찬의 경향에 맞추어 족보를 편찬하게 된다는 점이다.

{**주제어**} 족도, 족보, 해주 오씨 족보, 쇄미록, 양측적 친속, 부계친, 오희길, 오윤겸, 오숙

1. 머리말

  2015년 통계청 자료에 의하면 우리나라의 성씨는 金씨가 20.7%, 李씨가 14.1%, 朴씨가 8.1로 전체 인구의 42.9%를 김, 이, 박 세 성이 차지하고 있다. 그 다음으로는 최, 정, 강, 조, 윤, 장, 림, 한, 오씨의 순서이다.[1) 오씨는 전체 인구의 1.5%로 12번째의 점유율을 보이고 있다. 오씨는 해주, 동복, 보성, 함양, 군위, 고창, 나주 등을 본관으로 하고 있는데 이 중에서도 해주 오씨가 46만 여명으로 다른 본관을 가진 오씨들을 압도하고 있다.[2) 해주 오씨는 추탄 吳允謙을 비롯하여, 吳達濟, 吳道一, 吳祥, 吳翿, 吳斗寅, 吳泰周, 吳瑗, 吳載純, 吳載紹, 吳熙常, 吳宖默 등 명인들을 배출하고 있고 동복 오씨도 吳億齡, 吳竣, 吳始壽, 吳始復, 吳光運 등이 있다. 함양 오씨에서는 吳克成, 吳健, 吳長 등이 문집을 남기고 있고 인구가 많지 않은 고창 오씨도 吳守盈, 吳澐 등이 이름을 남기고 있다.

  여기에서 다룰 해주 오씨는 특히 오두인-태주-원-재순-희상 등 노론 계열과 오희문-윤겸-도일-명항 등으로 이어지는 소론 계열의 두 가문이 특히 명문으로 알려지고 있는데, 계보 기록의 편찬의 역사와 관련해서는 이러한 정치적 입장의 차이는 크게 고려할 대상이 아니라고 생각한다.

  해주 오씨가 족보를 간행한 것은 오숙이 황해도 관찰사로 나가면서

---

1) 4) 崔 4.5, 5) 鄭 4.2, 6) 姜 2.3, 7) 趙 2.0, 8) 尹 2.0, 9) 張 1.9, 10) 林 1.6, 11) 韓 1.5, 12) 吳 1.5, 13) 徐 1.5, 14) 申 1.4, 15) 權 1.4 16) 黃 1.4, 17) 安 1.3, 18) 宋 1.3, 19) 全 1.1, 20) 洪 1.1

2) 참고로 본관별 오씨의 인구 수는 다음과 같다. 해주 462,704명, 동복 72,394명, 보성 71,162명, 함양 35,846명, 군위 26,949명, 고창 18,856명, 나주 18,152명, 금성 14,458명, 낙안 11,562명, 장흥 4,132명, 화순 3,952명, 함평 3,164명, 울산 3,015명, 흥양 2,805명, 평해 1,816명, 기타 12,314명이다.

오윤겸의 당부로 만들어진 갑술보가 처음이다. 해주 오씨 갑술보는 조선 초기 吳先敬이 아버지인 吳光廷의 遺志를 이어서 만든 족도 기록에서 출발한다. 이제 해주 오씨 族圖에서부터 1634년 天坡 吳翮(貞武公)이 편찬한 甲戌譜, 1718년 吳晉周가 편찬한 戊戌譜, 1771년 命久(추탄공파)가 편찬한 辛卯譜, 1829년 熙常(정무공파)이 편찬한 己丑譜, 1882년 和秀(추탄공파, 서파공 3남의 후손)가 편찬한 壬午譜, 1903년 長善(추탄공파)이 편찬한 癸卯譜의 편찬 과정을 살펴서 조선 시기 계보 기록의 편찬이 어떻게 변화하였는가를 살피고자 한다.

본고에서는 다만 고려 시기와 조선 전기의 부계, 모계 兩側的 家系 계승 의식이 조선 후기의 부계적 친속 중심의 가계 계승 의식으로 전환하는 과정에서, 그러한 의식이 계보 기록에 어떻게 반영되어 가는가를 세밀하게 고찰해 보고자 한다.

2. 해주 오씨 族圖의 편찬과 발견

1987년 7월 22일자 경향신문에는 "'족보 원조'인 「族圖」가 있었다"는 제목으로 海州吳氏 宗親會에서 발간한 「大同系譜略記」를 인용하여 해주오씨의 족도를 소개하고 있다. 이후 정재훈, 오영선의 해주 오씨 가계 기록에 대한 연구가 있었다.[3] 지금도 남아있는 해주 오씨 족도의 발문은 다음과 같다.

---

3) 鄭在勳, 「海州吳氏族圖考」 『동아연구』 17, 서강대 동아연구소, 1989 ; 오영선, 「조선초기 家系記錄에 대한 일고찰」 『典農史論』 第7輯, 서울市立大學校 國史學科, 2001.

이 족도의 원본은 先君께서 직접 처음으로 만든 것인데, 아직 완전히 정돈하지 못한 채 돌아가셨다. 그래서 왕왕 職諱가 빠진 것이 있고 실려 있는 직휘도 한두 가지 오류가 있는 것을 면할 수가 없었다. 또 선군께서는 일찍이 나에게 말하기를 '오씨의 正派의 근원을 찾아 올라가면 여기에 그치는 것이 아니다. 관련 기록이 禹氏 집에 보관되어 있을 것이니 뒷날을 기다렸다가 본원을 궁구하여 그림으로 그릴 것이다.' 라고 하였는데 본래의 뜻을 이루지 못하고 갑자기 돌아가신 것이니 안타까움을 이길 수가 없다.

 이제 내가 상을 당하여 시묘살이를 하고 있으므로 그 원본을 따라서 그림을 그렸지만 선군이 완수하지 못한 뜻을 끝내지 못하였다. 아! 선군께서 나이도 많고 눈이 어두운 데도 노고를 꺼리지 않고 옛 족도를 수집하여 종이에 집필하셨는데, 이리저리 헤아리고 內外 祖宗이 傳世된 오래된 것을 분별하여서 積善의 빌미를 알게 하였다. 그것은 우리 자손 만세를 위하여 생각이 매우 깊은 것이라고 하겠다. 직휘가 빠진 것이나 정파의 근원은 종족 여러 집안을 다니며 두루 속적을 보면 대강 알 수가 있을 것이다. 비록 모른다고 하더라도 이 족도에는 해됨이 없을 것이다.

 右圖元本 先君子親自草創 未及整頓而違世 故往往職諱或有闕焉 至於所載職諱 亦未免一二之謬誤也 且先君子嘗謂余曰 吳氏正派 泝流求源 不止於此 意其屬籍 藏在禹氏之家 姑待後日 極本窮源而圖寫之 未就素志 遽不幸也 可勝惜哉 吾今當喪廬墓 故因其元本而圖之 無以終先君子未遂之志 嗚呼 先君子年老眼昏 尙不憚勞神苦思 爰輯古圖 <u>採紙執筆 度彼參此</u> 分別內外祖宗傳世之久 使知積善之由也 其爲我子孫萬世 慮至甚遠也 若職諱之闕 正派之源 行乎宗族之(<u>門 遍觀</u>)屬籍 庶可以知之矣 雖或不知 亦無害於此圖也(* 밑줄과 괄호는 원본과 간행본이 다른 부분)

해주 오씨의 족도는 1401년(태종 원년) 11월에 부친인 오광정의 상중에 부친의 유지를 이어서 오선경이 완성하였다. 부친인 오광정이 그린 족도는 선조들의 직함과 이름이 빠진 것이 많아서 완성되지 않은 것이고, 단양 우씨가에서 관련 기록을 찾을 수 있을 것이라고 하였다. 족도 발문에 특히 屬籍이 우씨 집에 소장되어 있으니 뒷날 그것을 찾아보고 그 족계의 근원을 더 찾아서 그리려고 하였는데 실현하지 못하였다는 것을 알 수있다. 자신이 완성한 족도도 우씨가에 소장된 선계의 속적을 찾아서 그렸는지는 밝히지 않고 있다. 잘 알다시피 단양 우씨는 고려말의 宰相之宗의 하나로서 일찍이 족보를 그렸을 것으로 보인다. 족도에서도 단양 우씨가 나오는데 바로 우홍수가 오효성의 사위의 사위이다.

원본 사진을 보면 마지막에 '建文三年辛巳(태종원년, 1401)仲冬上旬四日 <u>不孝罪人</u> 吳先敬直夫 謹跋'이라고 하여 '불효죄인' 즉 喪中에 오선경이 이 족도를 그렸다는 것을 말해주고 있다. 이후에 傳寫된 跋文은 '序文'이라고 바꾸고 또 글자에 있어서 약간의 差錯과 누락이 있으며 또 오선경의 직함을 '前舍人'이라고 오선경의 최종 관직을 적고 있다. 吳先敬은 안종화가 쓴 [국조인물지]에는 [국조방목]을 인용하여 '海州人 高麗典書光廷子. 定宗己卯生員, 文科, 舍人. 世宗朝爲領相柳廷顯從事官, 從征對馬島.'라고 하는 간단한 기록이 나온다. 생원을 거쳐 문과에 합격하고 의정부 사인을 역임하였으며, 세종대에는 유정현의 종사관으로 대마도 원정에 참여하였다는 것을 알 수 있다. [國朝文科榜目]에는 吳先敬이 1399년(定宗1) 己卯式年試에 합격하였으며 父가 吳光庭, 祖가 吳孝冲, 曾祖가 吳昇이고 外祖는 申時命, 妻父는 鄭 아무개라는 정보를 알려준다. 실록에서도 우리는 오선경이 1408년(태종

8) 12월에 正言, 1410년에 持平, 1411년 원주 판관, 1416년에 段子織造色 별감, 1418년에 함길도 經歷, 1419년(세종1)에는 從事官, 1920년에 舍人을 역임한 것을 확인할 수 있다. 문과에 합격하고 정언, 지평 등 청요직을 역임한 것을 알 수 있고 또 의정부 사인 벼슬에서 그 직임을 그쳤다는 것을 알 수 있다.[4]

오선경이 시묘살이 하면서 정리한 족도는 그 후 오랫동안 잊혀져 있다가 임진왜란을 전후한 시기에 후손인 오희길에 의하여 발견되고 널리 傳寫되어 오늘날에도 해주 오씨의 先世 기록을 확인할 수 있는 계기가 되었다.

오희문의 [쇄미록]에는 조선 전기 오선경이 그린 족도를 발견하고 전사한 과정에 대한 상세한 기록이 있다. 1600년(선조 33) 5월 단오에 아들 오윤겸이 수령으로 근무하던 평강의 서촌 寓家에서 기록한 오희문의 해주 오씨 족도에 대한 기록은 해주 오씨 가계 기록으로서는 최초의 신빙성이 있는 기록이라 할 것이다.

오희문은 먼저 자신이 어렸을 적에 부친이 작고하고 여러 숙부들도 일찍 죽어서 자신의 세계와 직파에 대해서 아는 것이 없었는데 해주 오씨 선세의 족도가 오안국 씨 집에 있다는 소문을 듣고 직접 吳安國의 집에 찾아가 가리개 형식으로 만들어진 족도를 살펴본 사실을 전하고 있다. 시조인 檢校軍器監의 姓諱가 쓰여 있고 그 아래에 劃을 그어서 분파에 따라 내외자손의 세계와 직휘를 써서 기재되어 있다고 하였다.[5] 여기에서 주목할 점은 해주 오씨 뿐만이 아니라 그 분파에 따라

---

4) 오선경의 경력은 모두 실록 해당 年條 기록에 의함.
5) 始吾年少蒙暗時 先君卽世 諸叔父亦皆早歿 祖宗世系直派 杳莫聞知 亦無可問

내외 자손의 세계와 職諱가 기록되어 있다는 것이다. 父系親만이 아니라 外族親도 같이 世系와 職諱를 기록하였다는 점은 후대의 가계 기록의 기재 방식과 매우 다르다.

그는 족도 기록을 빌려서 전사하고 싶었지만 망실을 우려한 오안국이 거절하여 直派만 전서하였고 다른 외파의 傳世 기록은 전사할 수 없었다고 하였다. 이후 동생과 함께 공책을 가지고 가서 전사하려고 하였으나 그 또한 기회를 놓치고 임란을 맞이하게 되어 그 족도에 대해서 잊어버리고 있었다. 그런데 동생 希哲이 광주 土塘村(지금의 양재역 인근) 先壟 하에 우거할 때에 우연히 수원에 사는 안국 씨의 동생인 憲國 씨의 조카 昊璞을 만나 전란 중에도 그 족도를 땅에 묻어 보관을 하여 잘 보존되어 있다는 소식을 듣고, 자신의 둘째 아들인 昊允諧를 보내어 족도를 직파뿐만 아니라 내외 모든 계파를 다 그대로 전사하여 오게 하고 또 네 아들에게 하나씩 주기 위하여 이를 4부 만

之處 常以爲恨 中年窮聞 先世族圖在同姓吳公安國氏家 躬造訪問 則果有之 安國氏 以其老病不出見 其子贇出待 請出圖本而見之 有一障子 大如一間壁許 上書始祖檢校軍器監姓諱 其下引畫而分派書內外子孫世系職諱 無不備載 乃同宗孫工曹典書諱光廷 親自草創 未及整頓而違世 其子成均直學諱先敬 因其元本以圖寫之 以終未遂之先志也 跋尾亦在(처음 내가 나이가 어리고 뭘 잘 몰랐을 때에 아버님께서 세상을 떠났다. 여러 숙부들도 모두 일찍 돌아가시고 하여 조종의 세계와 직파에 대해서 막연히 듣고 아는 것이 없어서 항상 한스럽게 생각하였다. 중년에 어렵게 들은 소문에 선세의 족도가 동성인 오안국 씨 집에 있다는 소식을 듣고 직접 나아가 방문해보니 과연 있었다. 안국 씨는 늙고 병들어서 나와보지 못하고 그의 아들 빈이 나와서 대접을 하였다. 도본을 꺼내기를 청하여 보니 가리개 하나가 있었는데 크기가 한 칸 벽 만하였다. 위에 시조 검교군기감의 성휘가 쓰여 있고 그 아래에 획을 그어서 분파에 따라 내외자손의 세계와 직휘를 써서 기재하지 않은 것이 없었다. 이는 동종의 후손인 공조전서 휘 광정이 직접 처음 만든 것으로 아직 정돈하지 못한 채 세상을 떠났는데 그의 아들 성균 직학 휘 선경이 그 원본을 계기로 하여 그리고 써서 마치지 못한 선대의 뜻을 완수하였다는 발미도 역시 있었다).

들었다고 한다. 또한 자신의 玄祖 護軍(希保) 이하의 경우에는, 분묘의 소재 주현과 道里의 원근, 石物의 유무, 산과 촌의 이름을 조사하여 각 위의 아래에 기록하였다. 그러나 오희문의 5대조인 司僕卿(士廉) 이상의 분묘는 끝내 어디에 있는지를 찾지 못하였다고 한다.6)

실제로 [쇄미록]에 인용된 직파의 기록에는 [檢校軍器監 吳仁裕---內庫副使 周裔---秘書監 民政(配 蔡氏)---檢校 尙書左僕射 行太子詹事 札(配 崔氏)---追封 中正大夫 典客令 行東大悲院 錄事 昇(配 慶州金氏)---內侍 豊儲倉丞 孝冲(配 李氏)---中直大夫 司僕卿 士廉(配 金氏)---宣略將軍 龍驤侍衛司 左領 護軍 希保(配 原平徐氏)---成均進士 重老(配 密陽朴氏)---北平館提檢 禦侮將軍 行龍驤衛副司果 繼善(配 全州李氏, 安東權氏, 全州李氏)---中直大夫 行司瞻寺 主簿 玉貞(配 延安金氏)]으로 이어지는 가계를 기록하고 있다. 이 직파 기록의 내용을 검토해보면 오인유에서부터 오사렴까지는, 오승의 配位 경주 김씨를 제외하고는 본관을 기록하지 못하고 오인유나 오주예의 경우에는 배위가 누구인

---

6) 余奉玩三復 不勝景慕之至 始知先世來派 切欲借來 以爲傳寫 而安國氏 以其見失爲慮 不肯許之 乃曾因借人 累失而僅獲之故爾 不得已只傳書直派 而其餘內外子枝 未暇錄焉 思欲與弟持一冊子 更就盡錄 而不久安國氏捐世 人事多端 遷延未果 遂遭壬辰之變 擧國奔波 都城蕩覆 灰燼之餘 靡有孑遺 意其此圖 必不保存 而其時未卽傳寫爲平生一大恨(내가 받들어 세 번이나 반복해서 보면서 크게 사모하는 마음을 이길 수가 없었고 처음 先世가 由來한 系派를 알게 되어 간절히 빌려다가 전사하려고 하였지만 안국 씨가 그것을 잃어버릴까 염려하여 허락하지 않았다. 전에 다른 사람에게 빌려주었다가 여러 번 잃어버리고 겨우 다시 그것을 찾았기 때문이다. 어쩔 수 없이 단지 直派만 傳書하고 그 나머지 내외의 子枝는 기록할 겨를이 없었다. 생각하기에는 아우와 함께 책자 한 권을 가지고 다시 가서 모두 기록하려고 하였는데 오래지 않아 안국 씨가 세상을 떴고 일도 여러 가지로 많아서 천연하다가 결과를 이루지 못하고 마침내 임진의 변란을 만나서 온 나라가 분파에 휩싸이고 도성이 탕복되었다. 불타고 남은 것들이 조금도 없어서 이 도본도 아마 보존하지 못하였으리라고 생각하여 그때 바로 전사하지 못한 것이 평생의 한이 되었다).

지를 파악하지도 못하고 있다. 반면 호군 오희보부터는 배위의 본관뿐만 아니라 산소의 소재지와 상황을 정확히 파악하고 있다. 대부분의 산소는 죽산현과 광주 토당촌에 소재하고 있고 碑碣이 있는 곳도 있고 없는 곳도 있었다. 특히 吳繼善의 묘에는 좌찬성 申光漢이 찬한 世系記가 있다고 기록하였다.7)

오희문은 자신의 선대에 관한 기록을 父祖로부터 전해 받지 못하였다. 따라서 자신이 스스로 증조 이하 선대의 가계 기록은 정확히 파악할 수 있었지만, 그 전 기록은 알 수가 없었던 것이다. 그러한 상황 하

---

7) 去年秋 舍弟希哲 寓在土塘村先壟下 幸逢安國氏弟憲國氏子璞 居水原地者 問其族圖有無 則曰 當初埋土獲全出 藏其家云 余聞來 庶有得見之路 喜不自勝 今年春初 二男允諧 適以事往廣州農村 去水原不遠 故令其就見傳書 而果卽使人取圖而來 一一依本傳錄 只因埋地之久 頗有朽破難識處 僅能辨別而書之云 因使允諧 廣求高祖進士以下子孫支派內外世系 無使遺落 一一載錄 成爲一冊 而又恐不廣 令余四男 各書一本 爲子孫永久傳覽也 又考玄祖護軍以下墳墓 所在州縣 道里遠近 石物有無 山名村號 俱錄位下 欲使後世子孫知墓山所在 而幸有尋見之路也 司僕卿以上墳墓 終不知存何處 可勝惜哉(작년 가을에 동생 希哲이 토당촌 先壟 아래에 살고 있었는데, 다행히도 안국 씨의 동생 憲國 씨의 아들 璞이 수원에 살고 있는 것을 만났다. 그 족도의 유무를 물으니 당초에 땅에 묻어 온전하게 보존하여 그의 집에 보관하고 있다고 하였다. 내가 그 소식을 듣고는 아마 얻어볼 수 있는 길이 있을 것이라고 생각하여 기쁨을 이길 수가 없었다. 금년 초봄에 둘째 아들 允諧가 마침 일이 있어서 광주의 농촌에 가게 되었는데 수원에서 거리가 멀지 않았다. 그래서 그에게 가서 보고 전서하게 하였더니 과연 바로 사람을 시켜 도본을 가져와서 하나하나 도본에 의하여 전록하였다. 다만 땅에 묻은 지가 오래된 이유로 자못 낡고 파손되어서 알기 어려운 곳이 있어서 겨우 변별하여 썼다고 하였다. 이어서 윤해를 시켜서 널리 고조 진사 이하의 자손 지파의 내외 세계를 구하여 빠짐없이 하나하나 수록하여 한 권의 책으로 만들었다. 그리고 또 널리 광포되지 않을 것을 염려하여 나의 네 아들을 시켜서 각각 한 본을 쓰게 하여 자손이 영구히 전람하게 하였다. 또 玄祖 護軍 이하의 분묘의 소재 주현과 道里의 원근, 石物의 유무, 산과 촌의 이름을 상고하여 모두 그 위의 아래에 기록하여 후세 자손이 墓山의 소재지를 알아서 찾아보는 길이 있게 하였다. 司僕卿 이상의 분묘는 끝내 어디에 있는지를 알지 못하니 안타까움을 이길 수가 없다).

에서 오선경의 족도는 선대 기록 파악에 광명을 비추는 것이었다. 그러나 족도를 기록한 오선경의 跋尾에서도 군기감을 시조로 파악하고 있을 뿐 정확한 기록은 알 수가 없다고 하였다. 사실상 시조인 군기감 오인유가 나말여초 인물이라면 기록자인 오희문과는 거의 600년 가까이 차이가 난다. 한 세대를 30년으로 본다면 적어도 오희문은 시조로부터 20대의 차이가 있어야 하지만, 오희문 스스로 시조 오인유가 나말여초 인물이라고 하면서도 시조 오인유가 자신의 13대조라고 하고 있다. 이는 오류일 것이다.

이! 우리 오씨는 먼 선대는 어느 시대에 나왔는지 알 수가 없다. 直學(오선경)의 발미에서도 역시 먼 선대의 유래한 파에 대해서 말하지 않고 다만 군기감을 시조로 하고 있다. 아마도 군기감은 나말여초 사람으로 나에게는 13대조이다. 그후 내외의 자손들이 대대로 큰 문벌이 되었고 연이어 대가세족과 혼인하여 혹은 왕후와 왕비가 나오기도 하였다. 그러나 동성은 널리 퍼지지 못하여 기록된 것이 많지 않다. 우리 왕조에 들어와서는 더욱 번연하지 못하여 우리 玄祖 護軍 이후로 고조, 증조, 조에 이르기까지 세상의 문벌이 되었지만 자손이 드물어 혹 無後가 되기도 하여 겨우 종성을 이어왔다. 오직 음사로 백리의 수령이 되기도 하였으나 문과나 무과에 합격하여 대관이 되어 가문을 일으킨 자가 없었다. 오직 우리 증조이신 提檢(계선)이 문장이 좋아서 세상에 칭송을 받았고 연이어 생원, 진사에 합격하여 여러 차례 昕庭(왕이나 왕후가 있는 곳)에서 대면하여 지은 詞賦가 사람들 입에 전파되었지만 끝내 (대과에) 합격하지는 못하였다. 어찌 운수가 기박하다고 하지 않겠는가? 기타 종족도 역시 듣고 아는 바가 없고 또 비록 들었다고 해도 어느 조상에서 나왔는지 알 수가 없다.[8]

시조 이후 대가세족과 혼인하고 혹은 왕후와 왕비를 배출하는 가문임에도 불구하고 오씨의 가계 기록은 충분히 남기지 못하고 있었다. 그것은 해주 오씨뿐만 아니라 다른 성씨들도 마찬가지라고 할 것이다. 초기의 가계 기록의 불충분에도 불구하고 번창하지는 못하였지만 연면히 가계를 이어오다가 오희문의 조부로부터 가문이 번성하게 된다. 아래의 기록은 조부로부터 자신과 아들 대에 이르기까지 드디어 가문이 번성하게 된 경위를 설명하고 있다.

우리 조부 주부공은 5남을 낳았는데, 3남은 모두 무후하고 둘째인 현감 휘 경순이 네 아들을 낳았으나 역시 많이 번성하지는 못하여 우리 宗祀가 그 손자인 극일에게 전해져 있고 왜란으로 해주 땅에 流寓하였다. 지난 정유년에 알성 무과에 합격하였다. 우리 아버지도 역시 아들 셋을 낳았는데, 내가 맏이고 다음 동생은 일찍 죽어 무후가 되었으며 막내 동생 희철이 두 아들을 낳았는데 모두 어리다. 나는 네 아들을 낳아서 장남 윤겸이 일찍이 비변사 추천으로 평강현에 수령으로 나갔는데, 지난 정유년 봄에 늦게 문과에 합격하였다. 그 아래 세 아들이 모두 학문에 뜻을 두었으나 아직은 성공하지 못하였다. 그러나 각각 아들을 낳아서 이미 숫자가 여덟에 이르지만 또 아직 어리니 아마 여기서 그치지는 않을 것이다. 쇠퇴한 가문을 번창하게 하는 것이 깊이 우리 자손에게 바라는 것이다. 이 나머지 지파는 모두 족보 중에 실려 있으니 반드

---

8) 嗚呼 吾吳氏 遠世未知出自何代 直學跂尾 亦不言遠世來派 直以軍器監爲始 意爲軍器監 羅末麗初之人 於余十三代祖也 其後內外子孫 世爲巨閥 連婚大家世族 或出於王后妃子 而但同姓不敷 見錄不多 至於入我朝 尤不繁衍 吾玄祖護軍之後 傳至高曾及祖 爲世門閥 而子孫鮮少 或無後 僅承宗姓 而唯以蔭仕 或宰百里 無文武出身爲大官振起門業者 唯吾曾祖提檢 以文雅爲世所稱 連捷生進累對昕庭 所著詞賦 傳播人口 而終不得售 豈命蹇而數奇耶 其他宗族 亦未聞知 雖或有聞 亦不知出自何祖也.

시 다시 기록하지는 않는다.9)

그러면서 오희문은 마지막으로 세간에서 오연총을 해주 오씨의 시조로 하는데 대한 반론을 제기하였다. 심지어 당대의 문한을 장악한 신광한이 쓴 증조 제검공(계선)의 비갈 음기에서도 오씨의 시조를 오연총으로 기록하였다고 비판을 하고 있다. [고려사] 열전의 오연총 조에 오연총이 무후였다는 기록을 근거로 오연총이 오씨의 시조가 아니라는 것을 주장하였다. 신광한은 오계선의 손녀사위이지만 兩側의 親屬 질서가 남아있는 상황에서도 자신의 처조부의 시조에 대해서는 정확하게 파악을 하고 있지 못하였던 것이다.

또 한 가지. 세상에서 侍中 延寵을 오씨의 시조로 하여 심지어는 증조 提檢公의 墓碣 陰記에도 연총의 후손으로 쓰고 있다. 이제 圖本을 보니 시중은 바로 大悲院 錄事 휘 昇의 후손이고 知白州事 孝純의 아들로 無後하고 단지 딸 하나가 있어 判書 成紀에게 시집갔을 뿐이다. 또 [고려사] 열전을 보면 또한 "연총은 해주 사람으로 무후하였다." 고 되어 있다. 그러니 무후하다는 말이 아마 틀리지 않았을 것이다. 그런데 제검의 묘갈에 연총의 후손이라고 하는 말은 과연 어디에서 나온 말인가? 비갈을 쓴 것은 바로 企齋 申光漢의 글인데 企齋는 한 시대 문장의 宗匠으로 오래 문한의 직임을 맡고 있었으니 아마도 [고려사]를 자세히 보았을 것인데, 후손이라고 쓴 것은 매우 의아스럽고 우리

---

9) 吾祖父主簿生五男 而三男皆無後 第二男縣監諱景醇生四子 亦多不著 吾宗祀傳在其孫克一 而因亂流寓海州地 去丁酉謁聖武科出身 吾先君亦生三男 吾居長列 次弟早歲無後 季弟希哲生二子皆幼 吾生四子而長男允謙 曾以備邊司薦出宰平康縣 去丁酉春 晚得文科 其下三子皆志學 而時未就 然各生男子 數已至八 又且年少 必不止此 昌振襄門 深有望於吾子孫也 此餘支派 具載譜中 不須更錄.

여러 백부들께서도 미처 살피지 못한 것이었다. 이제 일록에 우연히 도본에서 직파를 전사한 것을 계기로 들은 바를 기록하여 뒤에 고찰하게 하는 것이다. 1600년 중하 단양일에 평강 서촌의 우가에서 씀.[10]

서지적 관점에서 [쇄미록]을 검토해보면, 「쇄미록]은 오희길의 친필로 보여지지만, 바로 이 족도에 관한 기록이 있는 부분은 행초에서 해서에 가까운 필체로 바뀌어 5월 5일자 뒷 부분에 5쪽에 걸쳐서 별도로 첨부되어 있다. 5월 5일은 단양절로서 선조에 대한 절사를 지내는 속절이기도 하다. 이 날자의 [쇄미록] 부분을 보면 다음과 같다.

초오일은 단양절이다. 집에 찬물이 없어서 단지 절육 및 천어 탕적만 가지고 전배를 하고 차례를 지냈다. 묘산에는 이전에 전물을 보내서 아우에게 설행하게 했다. 다만 아우 집이 매우 곤궁해서 어떻게 하는지는 모르겠다. 매우 걱정된다.[11]

이처럼 집에서 간략하게 속절 제사를 지내고는 있지만 묘산에 가서 제사 지내지 못함을 걱정하고 있다. 이러한 부모를 생각나게 하는 단오절도 되고 그 전날인 초4일은 막내인 윤성의 부인이 출산을 한지 삼

---

10) 且世謂侍中延寵爲吳氏始祖 至於曾祖提檢墓碣陰記 亦書爲延寵之後 今見圖本 則侍中乃大悲院錄事諱昇之孫 知白州事孝純之子而無後 只有一女 判書成紀而已 又見麗史列傳 亦曰延寵海州人無後 然則無後之說必不虛 而提檢墓碣 爲延寵後之言 果自何出耶 撰碣乃申企齋(신광한, 1484~1555)筆 而企齋爲一代文章之宗 久掌文翰之任 必詳見麗史矣 爲後之書甚可怪 而吾諸伯父亦未之察也 今於日錄 偶因圖本傳寫直派 而仍記所聞 以爲後考也 萬曆庚子(1600, 선조33)仲夏端陽日 在平康西村寓家 書之(『쇄미록』 1600년 5월 5일조).
11) 初五日乃端陽節也 家無饌物 只以切肉及川魚湯炙奠杯 行茶禮 墓山則前送奠物 使弟設行矣 但弟家窮甚 未知何以爲耶 深慮不已.

일째 되는 날이어서 자신의 후손에 대한 생각을 하게 되었다. 초4일자 일기의 마지막 부분은 다음과 같다.

오늘은 신생아의 삼일째 되는 날이다. 씻기고 새옷을 입히고 창업이라고 명명하였다. 윤겸의 두 아이의 이름을 이어서 지은 것인데 선업을 창성하게 하라는 의미이다. 우리 가문이 쇠박하여서 선세부터 동성으로 전해지는 것이 많지 않았다. 우리 형제 중에 나는 4명의 사내를 가졌는데, (그들이 또) 모두 각각 아들이 있어서 그 숫자가 8남에 이르렀다. 또 그들 부처가 모두 연소하니 아마 이에 그치지 않을 것이다. 많은 수가 있으면 어찌 한 아이라도 쇠박한 문호를 창성하고 진흥하게 하지 않겠는가? 길이 축원한다. 아우 희철은 아들 둘인데 모두 어리다.12)

이렇게 가문의 창성을 바라는 마음에서 아이의 이름도 昌業이라고 짓고 이에 자신의 계보를 되돌아보게 되는 계기가 되었을 것이다. 族圖를 찾아서 傳寫하고 直派를 그리게 된 까닭이다.

[쇄미록]에 나오는 창업은 오희길의 넷째 아들 윤성의 둘째 아들로 보인다. 그러나 족보에는 경자 5월생 창업의 이름은 보이지 않는다. 아마 요절한 것으로 보인다. 창업이 태어난 5월 초2일의 일기에는 자신의 네 명의 며느리가 모두 임신을 해서 윤함의 처는 전해에 남아를 낳았고, 금년 3월에는 윤겸의 처가 또 아들을 낳았으며 이번 5월에는 윤성이 또 남아를 낳았고 윤해의 처만 아직 해산을 하지 않았는데 역

---

12) 今日乃新生兒第三日也 洗濯之 始着新衣 命名曰昌業 乃繼允謙兩兒之名而作 望其昌盛先業之意也 吾門衰薄 自先世同姓之傳不多 吾兄弟中 吾有四男而皆各有子 其數亦至八男 又且夫妻皆年少 必不至此矣 數多中 豈無一子昌振衰門者乎 長祝長祝 弟哲有二子而皆幼.

시 이번 달 안에 낳을 것이라고 기대를 하고 있다.[13]

3. 해주 오씨 족보의 편찬과 족도 기록의 반영

조선 초기에 그려진 해주 오씨의 族圖가 200년 후 오희문에 의하여 재발견되었지만, 이를 그대로 가계 기록으로 확산시키는 데에는 한계가 있었다. 기껏해야 오희문은 그의 둘째 윤해를 시켜서 4부를 전사하는데 그칠 뿐이었고, 자신이 파악할 수 있는 先代(5대조인 護軍 希保)까지 配位의 姓貫이라든가 묘소의 위치와 현황을 보완하는데 그칠 뿐이었다.

최초의 해주 오씨 종합보의 편찬은 한 세대가 지난 후인 1634년 吳翻이 편찬한 甲戌譜에서 비롯되었다. 이후 해주 오씨 족보는 아래와 같이 戊戌譜, 辛卯譜 등 60~70년의 간격으로 수보되었다. 근대 이전에는 1903년에 편찬된 계묘보까지 6차례 편찬이 이루어졌다.

    甲戌譜 1634년 天坡 翻(貞武公)

    戊戌譜 1718년 晉周(정무공파)

    辛卯譜 1771년 命久(추탄공파)

    己丑譜 1829년 熙常(정무공파)

    壬午譜 1882년 和秀(추탄공파, 서파공 3남의 후손)

    癸卯譜 1903년 長善(추탄공파)

---

13) 吾四子皆懷脈 而允誠妻前年先産男兒 今年三月允謙妻又産得男 今五月允誠又産男兒 只允譜妻未免 而亦在今月內矣(『쇄미록』 1600년 5월 4일조).

辛丑譜 1961년 德泳(추탄공파보)
甲辰大同譜 1964년 晙根(월곡공파)
丁巳譜 1977년 鼎根(추탄공파보)
辛未大同譜 1991년 福根(추탄공)

그런데 吳翻이 편찬하고 직접 발미를 쓴 '首陽吳氏族譜跋'은 해주 오씨 족보의 편찬에 관한 중요한 정보를 알려준다.

작년 가을에 나는 해서 (관찰사)로 명을 받았다. 장차 부임을 하려고 할 때에 지금의 좌의정 추탄 선생을 한강의 別墅로 찾아뵈었다. 인사를 하자 선생은 자리를 내주고 앉자마자 한 말씀을 하셨다.

"그대가 이 명을 받으니, 나의 마음에 느낀 바가 있소. 아니 기뻐하는 바이오. 우리 首陽(해주의 古號) 吳哥는 고려 초기의 大姓이오. 시조인 군기감 인유가 조정에 벼슬을 하였고 그 후에 복야공 찰, 시중공 연총이 중엽에 훌륭한 분들이었고 宗閥과 관작이 청사에 올라 있고 氏族譜도 또한 당시에 유행하여 성대하다고 하겠소. 본조에 들어와서는 오씨가 크게 현달하지 못하였지만 舍人 선경이 있어서 支派를 수집하고 舊譜를 이어서 문적을 만든 것이 집에 보관되어 있고 지금까지 同宗에게 전해지고 있소. 내가 동생인 都正 윤해에게 한 부를 잘 쓰게 하여 시조 내외의 후예를 모두 싣게 하여 인쇄를 하려고 하였고 당신의 할아버지 節度公(오정방)이 실로 이 일에 관여를 하였지만 일이 끝나지 않아서 절도공이 돌아가시고 내 아우도 역시 먼저 죽었으니 이것이 느끼는 바이오. 지금 그대가 벼슬을 하여 駐節하는 곳이 바로 鄕貫이니 비단 금의환향하는 영광일 뿐만이 아니오. 그대도 나와 절도공이 일찍이 상의한 것에 신경을 써서 官俸 남는 것을 출연하여 그 일을 마치게 되면, 씨족의 족보가 다시 지금과 후대에 유행하게 되어 後生이 늦게 나와도 모두 눈으로 보게 될 것이고 서로 敦睦하고 孝悌하는 풍습을 권면할 것이니, 이는 나로서는 책임을 면하는 것이고 그대가 일을 하는 도리도 역시 다하게 될 것이니 이것이 기뻐하는 바이오."

내가 정색을 하고 대답하였다.

"불초와 같이 모자란 놈이 祖先의 神靈을 짊어지고 風雲의 기회에 方岳을 맡았으니 어찌 감히 門戶의 큰일에 힘쓰지 않겠습니까? 하물며 선생이 직접 명하시고 또 할아버지의 유지로 말씀하시는 것인데 말입니다."

드디어 사직을 하고 해주에 도착한 뒤 한 달 후에 工匠을 모아 일을 시작하였다. 서울에 편지를 보내어 아뢰기를 "족보를 장차 간행하는데, 오씨로서 이곳에 사는 사람이 매우 많아서 모두 官門에 나와 보기를 청하였습니다. 제가 앞으로 나오게 하여 각각 세계를 써서 올리도록 하고 천천히 살펴보니 본토의 오씨는 두 파가 있습니다. 하나는 진사 오강에게서 나온 파이고, 하나는 생원 오생운에게서 나온 파입니다. 지금 사람들은 서로 각각 5~6대에서 갈라졌지만 그 근원은 잘 모릅니다. 과연 우리 시조이신 군기감에게서 나온 것은 아닌 것 같습니다. 그러나 모두 해서의 망족이고 수양의 오가인 것은 같습니다. 원컨대 따로 두 파를 간행하여 족보의 끝에 부록으로 붙이는 것이 의리로서는 어쩔 수 없는 것 같습니다. 선생께서 결정해주십시오."

선생이 답장하기를 "그것이 옳다." 고 하였다.

족보 간행이 끝나고 내가 다시 편지로 선생에게 청하였다. "이미 족보가 있는데 선생의 글이 머리에 없으면 후손들이 뭘 보겠습니까? 글을 아끼지 말고 써주십시오."

내가 이를 기다리는 동안 工役을 마치는데, 선생이 답장하기를 "그대가 나와 그대가 왕복한 말을 써서 전말을 알리는 것으로 족하다." 고 하였다. 내가

감히 사양하지 못하고 마침내 이를 써서 발문으로 한다.14)

황해도 관찰사로 명 받은 오숙이 집안 어른인 좌의정 오윤겸을 한강 별서로 찾아뵈었는데15), 오윤겸은 관향지로 금의환향하는 오숙을 보고 느끼는 바와 기뻐하는 바가 있다고 하면서 집안의 족보 편찬 간행을 요청하였다. 오윤겸은 자신의 동생과 오숙의 조부 오정방이 족보 간행을 완수하지 못하고 죽은 데에서 느끼는 바가 있고, 이제 오숙이 관향지인 황해도 관찰사로 부임하여 족보를 편찬하게 되면, 그로 인해서 해주 오씨 일가들이 敦睦孝悌할 수 있을 것이어서 기쁘다고 하였다. 족도를 기준으로 하여 오윤겸과 오숙을 計寸해 본다면 거의 18촌

14) 上年秋 翻有海西命 將行 拜今左相楸灘先生於漢江別墅 告辭 先生賜之坐不暇出一語 卽喟曰 "聞子有是命 於我心有所感矣 抑有所喜矣. 我首陽之吳 麗初大姓也. 自始祖軍器監諱仁裕 仕于朝 厥後僕射諱札 侍中諱延寵 趾美中葉 宗閥官爵 著於靑史 而氏族之譜 亦行於一時 可謂盛矣. 入于本朝 吳氏不大顯 有舍人先敬 蒐輯支派 繼舊譜而成籍 藏于家 至今傳諸同宗. 余使家弟都正允諧(오윤해) 繕寫一本 畢載始祖內外裔孫 以謀刊鋟. 子之王父節度公(오정방=吳定邦) 實與於此事 事未就而節度公下世 家弟亦先朝露 此所感也. 今子仕宦而駐節之地 是乃鄕貫 不特晝錦之有榮耀焉. 子亦有意於吾與節度公所嘗謀者 捐官俸之餘 以濟其役 氏族之譜 復行於今與後 而後生晩出 皆得以寓是 相勉以敦睦孝悌之風 則吾責塞 而吾子述事之道 亦且盡矣 此所喜也." 翻作而對曰 "不肖無狀 荷祖先之靈 際風雲之會 忝竊方岳 何敢不力於門戶大事 而況承先生面命 申之以王父遺志者乎?" 遂辭 旣到首陽月餘 鳩工創役 以書走京師 謁于先生曰 "譜將入梓 而吳氏之居本土者甚夥 齊會館門請見 翻使之前 各以世系書進 徐以察之 本土之吳 乃兩派 而一則出於進士吳綱 一則出於生員吳生韻 今人相去各五六代而不知其源 果同出於吾始祖軍器監否也. 然而皆爲海西望族 而首陽之吳則一也. 願別刊兩派 附諸族譜之末 於義不可拒也 惟先生裁之." 先生復曰 "唯唯." 刊譜旣完 翻復以書請先生 "旣有譜而不有先生之文弁于卷首 則後嗣何觀焉? 無惜觚墨餘事以命之." 翻待此而訖功 先生復曰 "子其詮次吾與子往復之語 以識顚末足矣." 翻不敢辭而遂書之 是爲跋.
15) 『인조실록』 28권, 인조 11년 8월 3일자. 인조 12년 7월까지 1년 재임. 당시 오윤겸은 좌의정.

이나 되는 먼 일족이었다.

　오윤겸은 자신의 선친 오희문이 둘째 윤해를 시켜 오숙의 조부인 오정방과 함께 족보를 편찬하려 하였지만 이루지 못한 사실을 상기하였다. 오윤겸은 아버지가 파악한 해주 오씨 족도를 중심으로 각 支派와 舊譜를 참고하여 자료를 준비해두었다. 오숙은 오윤겸의 지시를 받고 바로 해주에 부임하여 당지의 해주 오씨들에게 가계 기록 자료를 제출하게 한 바, 해주의 오씨들이 제출한 자료를 분류해보니, 생원인 오강을 선조로 한 파와, 진사인 오생운을 선조로 한 파, 두 개의 파로 정리되었다. 그러나 오강, 오생운 이상의 先代는 파악할 수가 없고 서울의 오씨 족도에서 파악한 선대와도 연결을 할 수 없었다. 그래서 오숙은 오윤겸의 의견을 들어서 생원, 진사 두 파의 기록을 부록으로 하여 해주 오씨 족보를 편찬 간행하였다.

　그러나 해주 오씨 족도는 내외를 모두 아우르는 兩側的 親屬 관련 기록으로 萬姓譜的인 성격, 즉 顯達譜의 성격을 가진다. 또 지금의 관점에서 본다면 시조 吳仁裕로부터 족도를 편찬한 오선경까지 9세인데, 각 세대를 30년 정도로 본다면 270년이므로 오인유를 고려 초기의 인물로 보기는 어렵다. 또한 조선 중종, 명종 대에 文翰을 장악한 企齋 申光漢(1484~1555)[16])이 자신의 妻祖父인 吳繼善의 비갈문에서 吳延寵을 오씨의 시조로 보았는데, 오희문은 족도를 보고 나서 오연총(1055~1116)[17])이 해주 오씨의 시조가 아니고 고려 초의 인물인 오인유가 시

---

16) 본관은 高靈, 자는 漢之 또는 時晦, 호는 駱峰·企齋·石仙齋·靑城洞主. 공조 참판 申檣의 증손으로, 할아버지는 영의정 申叔舟이며, 아버지는 內資寺正 申泂이다. 어머니는 司圃 鄭溥의 딸이다.

17) 吳延寵, 海州人, 家世寒素, 少貧賤, 力學, 善屬文, 登第, 累遷起居郎·兵部郎中. (중략) 十一年卒, 諡文襄, 年六十二. 飭躬謹行恂恂然, 以忠儉自許, 不干譽. 當

조라고 정정하였다. 오희문은 족도 기록에서 오연총이 오효순의 아들이지만, 딸 하나만 낳아 無後가 되었다는 것과 [고려사] 열전 기록에도 無后였다는 기록을 근거로 하여 오연총이 해주 오씨의 시조가 아니라는 것은 확실하다고 하였다. 그러나 오연총은 고려 숙종(1054~1105, 1095~1105년 재위) 대 사람이고 예종 때에 부원수로 여진을 정벌하였다는 구체적인 [고려사] 열전 기록을 참고로 한다면, 족도를 처음 기록한 고려 말 조선 초기의 인물인 오효충의 셋째 아들인 오광정, 족도를 완성시킨 그의 아들 오선경과 고려 숙종대의 오연총이 한 항렬 차이로 설명되기에는 어려운 점이 많다. 족도에는 錄事 昇의 네 아들 孝成, 孝純, 孝冲, 孝銓이 있는데, 둘째 효순의 아들이 延寵이고, 셋째 효충의 손자가 先敬으로 그려져 있다.

현재 우리가 파악할 수 있는 족도에서 이렇게 합리적인 설명이 불가한 것은 아마도 傳寫 과정에서의 오류에 기인한 것으로 보인다. 즉 오효충과 오광정, 오선경 사이에는 적어도 250년 내지는 300년 정도의 간격이 있으므로 이 사이에는 적어도 8대 정도의 가계 계승 기록이 있어야 할 것이다. 이 계승 기록을 정확히 파악할 수 없으므로 족도에서는 點線으로 이어 놓았을 터인데, 전사 과정에서 實線으로 긋지 않았나 생각된다. 동대비원 녹사 오승이 오연총(1055~1116)의 조부이므로 오승은 적어도 11세기 전반기의 인물이었을 것이다. 그렇다면 오승의 아들 오효충 이후 사렴, 희보, 중로, 계선 사이에서 가계 기록이 일부 없어졌다고 해야 할 것이다. 오계선은 신광한의 처조부이므로 15세기 중후반의 인물일 것인데, 오승과 오계선 사이에는 적어도 400년 이상

官持論務祛時弊, 未嘗以私害公故, 王重之. 命近臣, 監護喪事, 百官會葬. 無子.(『고려사』 열전 권9 오연총전)

의 차이가 나므로 적어도 13대 이상의 선조가 그 사이의 가계 기록에 보충이 되어야 할 것이다. 그런데 오선경과 오희문은 그 사이의 계보를 오승-효충-사렴-희보-중로-계선까지, 단지 5대 정도밖에 파악하지 못하였던 것이다. 오선경과 오연총이 단지 한 항렬 차이로 되어 있는 것도 중간의 가계 기록이 없어졌기 때문에 빚어진 일일 것이다.

실제로 오숙이 간행했다는 갑술보는 족도 기록을 족보 형식으로 옮기고 뒤에 해주에서 파악한 오강과 오생운 두 파를 부록으로 첨부한 형태로 정리하였을 뿐이다. 오숙이 관찰사로서 해주에 체재한 기간은 1년에 불과하고 당시의 관찰사는 1년 동안 관할 구역을 순행하였다는 점에서 해주에서 안정되게 족보를 편찬할 여유는 없었을 것으로 생각된다.

실질적으로 해주 오씨의 족보가 제대로 족보의 형태를 갖춘 것은 戊戌譜였다고 생각된다. 무술보는 海昌尉 吳泰周가 私財로 편찬하려다가 완성하지 못한 것을 동생인 吳瑨周가 완성한 것이다. 무술보는 凡例 14개 조항을 갖춘 완성된 형태의 것이다. 무술보의 범례는 다음과 같다. 무술보에서는 해주 오씨를 '首陽吳氏'로 제하였다. 제1조에서는 해주 오씨 족보의 편찬 경위를 서술하고 있다. 즉 선경이 족도를 편찬하고 관찰사 오숙이 海西 巡察使 營에서 갑술보를 편찬하였으며, 이제 73년 후인 무술년에 다시 수정한다는 것이다. 제2조에서는 기존의 족보에서 내외를 모두 기록하였던 원칙을 수정하여 지금부터 <u>外派는 3대까지만 기록한다</u>고 하였다. 이 원칙은 매우 중요한 것으로 지금까지 내파, 외파를 모두 기록하는 번거로움을 피하기 위하여 외파는 3대까지만 기록하기로 한 것이다. 내파와 외파를 모두 기록하는 것은 萬姓譜가 될 수밖에 없는 것으로 만성보는 내외의 모든 인물을 다 기록하려고 하면 기술적으로 그것이 불가능 하기 때문에 결국 顯達한 인물을 중심으로 수록하고 그 家系만 남기는 顯達譜의 성격을 가질 수밖에 없게 되는 것이다. 족도의 경우도 내, 외파를 모두 기록하였지만, 외파의 경우에도 모든 인물을 다 기록한 것이 아니라 현달한 인물만을 기록하였다. 대표적인 것이 甲戌譜까지는 오연총의 후손이 2녀인 判書 成紀만 기록 되었다가, 戊戌譜부터는 1녀인 錄事 曺雲도 기록한 것이다.

제3조와 제4조는 족보 편찬 기술에 관한 것으로 한 면을 6층으로 칸을 만들어 昭穆에 따라서 名諱를 쓰고, 表德, 別號, 生卒, 丘墓, 科第, 爵秩 및 配室의 성씨와 官階를 旁註로 썼다는 것을 밝혔고 또 先男後女로 쓰고 몇 째라는 것을 써서 순서는 구별하였으며 庶派는 이 순서를 생략하였다고 하였다.

이후 5조에서부터 10조까지는 족보 기술에 대한 상세한 사항과 원칙을 밝힌 것이다. 이 중에서 주목할 것은 제11조와 12조이다. 제11조에서는 해주 오씨 同貫인데 증거 보첩이 없거나 원파에 이어지지 않는 경우는 他編에 입록하도록 하였다. 이는 족도를 계기로 하여 편찬한 갑술보 이후의 원칙이다. 선대의 계보를 알 수 없는 경우에 어쩔 수 없이 附編 부록으로 처리할 수밖에 없는 것이다. 또 편차 선후는 舊譜에 따르고, 새로 증가한 경우에는 單子를 보낸 순서에 따라 수록하였다는 것을 밝히고 있다. 마지막으로 제14조에는 부록으로 선대의 碑誌文字를 수록하였다는 사실을 밝혔다. 무술보에 실린 선대의 碑誌 문자는 ①[고려사] 열전에 수록된 오연총의 기록, ②김상헌이 쓴 좌의정 오윤겸 묘갈명, ③이경석이 쓴 절도사 오정방 묘비명, ④송시열이 쓴 교리 오달제 傳, ⑤최석정이 쓴 관찰사 오숙의 묘비명, ⑥김창협이 쓴 판서 오두인의 묘비명, ⑦김창흡이 쓴 해창위 오태주의 묘갈명이다. 무술보가 기본적으로 오태주와 오진주 등 貞武公派 중심으로 편찬되었다는 사실을 잘 보여준다. 그럼에도 불구하고 오연총의 기록을 冒頭에 둔 것은 요령부득이라고 하겠다.

이후 지속적으로 간행된 해주 오씨 족보는 정무공파와 추탄공파를 중심으로 증보, 추록하는 형태로 보완되었다.

首陽吳氏族譜 凡例 (무술보 범례)

一① 吳氏舊譜 始出於工曹典書吳光廷 而初創未成 其子舍人先敬 追其先志而繼述之 其後一百七十四年 都正允譜 乃復重修 而觀察使翻鋟梓於海西巡營 後七十有三年 復此修正云 (해주오씨 족보의 편찬 경위)

一② 一依舊譜 修正增補 而舊譜中 多載外派 故今皆刪略 限以三代云 (구보 즉 족도와 오숙 편찬 초간 족보에는 외파가 모두 실려 있음. 지금부터는 3대에 한정)

一③ 譜書 作六層橫間 逐間而依昭穆書錄名諱 若其表德·別號·生卒·丘墓·科第·爵秩及配室姓氏貫系 詳錄於旁註 而上世文獻無徵 或未免闕缺之歎 且因諸家 各自修錄 互有詳略之不同云 (6층으로 칸을 만들어서 소목에 따라서 명휘를 씀. 표덕, 별호, 생졸, 구묘, 과제, 작질 및 배실의 성씨와 관계를 방주로 씀. 상세는 결락이 많음.)

一④ 譜例 皆先男後女 而序次不可卞 故首書第幾以明之 庶派 不可行序爲次 紊亂等級 皆錄于下 略其旁註云 (선남후녀로 쓰고 몇째라는 것을 써서 구별. 서파는 생략)

一⑤ 出後於人者 不書以繼者 所以重承統 而旁註輒書本生親名 且於本生名下 亦書出繼某後 以便考見云 (입양한 경우의 기록 방법)

一⑥ 本宗 不限代數 無論親疎 旁註皆錄婚娶官職 外派則外孫 書其婚

娶 曾玄只書官職 以存內外輕重隆殺之別云 (본종은 대수, 친소에 관계 없이 방주에 모두 혼취와 관직을 쓰고 외파는 외손만 혼취를 쓰고 증손, 현손은 관직만 씀)

一⑦ 有前後娶人 則旁註各書生幾男女與無後 以明其所出云 (전후취, 각각 소생을 씀)

一⑧ 配室 尊行則書以配字 稍降則書以娶字 庶派則皆書以娶云 (배실은, 존행은 배자, 좀 낮거나 서파는 취자를 씀)

一⑨ 女壻 必書郡望 父名與科宦 而且錄前後娶 俾無子孫相混之弊 或詳或闕者 諸家單錄不齊之故云 (사위는 반드시 군망을 쓰고 부명과 과환, 전후취를 씀)

一⑩ 後生之未及冠筓者 只書曰子曰女 以待日後之追塡云 (아직 관례, 계례하지 않은 경우는 자, 녀로만 씀)

一⑪ 同貫而譜牒無徵 源派未承者 並皆入錄他編 以備後考云 (동관인데 증거 보첩이 없거나 원파에 이어지지 않는 경우는 타편에 입록)

一⑫ 編次先後 一從舊譜 而舊譜外新增 則皆以單子修送先後爲次 不得任意下上云 (편차 선후는 구보에 따르고 신증의 경우는 단자 수송 선후로 수록)

一⑬ 每編每張 塡千字文 以考次第 而各編各張所塡之字 分類彙錄 某編之載某派 某派之屬某字 一一列書於卷首云 (편장에 천자문을 써넣어 고열에 편의 도모)

一⑭ 諸家先代碑誌 各以世代次第 皆得編輯 以爲附錄 俾後人有所考徵云 (선대의 비지문자는 부록으로)

4. 맺음말

　이상과 같이 해주 오씨 가계 기록에 대한 검토를 통하여 알 수 있는 것은 다음과 같다.
　조선 전기까지만 하더라도 전체 해주 오씨의 가계 기록은 그다지 커다란 관심사는 아니었고 제대로 정리되어 전승되지 않았다는 것이다. 조선 초기에 그렸다는 족도 기록은 사실 동대비원 녹사인 오승의 선대 기록으로 추정된다. 족도의 선대 파악이 모두 오승에서 출발하고 있기 때문이다. 특히 오승은 네 아들을 두어서, 이 네 아들을 계기로 하여 해주 오씨가 번성하게 되었다. 따라서 이른바 해주 오씨 족도는 해주 오씨만 기록한 것이 아니고 오승의 선대 중에서 현달한 인물의 가계를 찾아서 추적하여 기록해둔 것이라고 할 수 있다. 이는 고려시대부터 16세기 무렵까지 이어진 가계 계승의 양측적 친속 계승 의식의 반영이라고 할 수 있다. 따라서 족도와 이를 그대로 반영한 오숙의 갑술보는 그러한 가계 기록의 모습을 유지하고 있다. 갑술보에서부터 해주 오씨 부계친 중심의 가계 기록을 종합하기 위하여 해주의 동족들의 가계 기록을 모았으나 선대를 연결시킬 수가 없어 부록으로 처리할 수밖에 없었던 것이다. 오진주가 편찬한 무술보 단계에 와서야 비로소 부계친 중심의 가계 기록으로 전환을 하게 된다. 이를 다른 가문의 가계 기록으로 확대하여 일반화 할 수는 없지만 이를 정리한다면 다음과 같다.
　첫째, 17세기 후반에 들어와서 양측적 친속의 가계 기록이 부계친 중심의 가계 기록으로 변화하였다는 것이다. 둘째, 해주 오씨와 같은 명문가도 17세기 초반에 와서야 비로소 족보가 간행되었고, 그 선대 기록에 대해서는 缺落이 많고 誤謬가 지속되고 있었다는 것이다. 선세에 대한 오류가 지속되고 있었는데, 예를 들면 오연총을 시조로 인식한 것을 오희문이 [고려사]와 족도를 통하여 일부나마 선대에 대한 기록을 바로 잡았다는 점을 주목할 수 있다. 셋째, 오윤겸이 오숙에게 당부하여 족도를 기초로 하여 여러 파로부터 수단을 하여 족보 편찬 시작하였다는 것과 계파가 시조에 닿지 않은 부분은 별보로 처리하여, 당시의 일반적 흐름인 부계친 중심의 가계 기록 편찬의 경향에 맞추어 족보를 편찬하게 된다는 점이다.

{ **참고문헌** }

해주오씨 족도
해주오씨 족보
고려사
조선왕조실록
쇄미록
陽谷集(吳斗寅)
楸灘集(吳允謙)
天坡集(吳䎘)
醉夢軒集(吳泰周)
月谷集(吳瑗)
西坡集(吳道一)
醇庵集(吳載純)
老洲集(吳熙常)

『용인 해주오씨 추탄 오윤겸 종택 전적 – 계회도와 시첩 –』, 한국정신문화연구원, 2004.
『수양세가 – 해주오씨 추탄 후손가』, 한국학중앙연구원 장서각, 2008.
『기증유물목록8 – 박한설편』, 서울역사박물관, 2009.
『世蹟 – 해주오씨 정무공파 종중』, 에이팩스커뮤니케이션즈, 2014.

鄭在勳, 「海州吳氏族圖考」『동아연구』 17, 서강대 동아연구소, 1989.
오영선, 「조선초기 家系記錄에 대한 일고찰」『典農史論』 第7輯, 서울市立大學校 國史學科, 2001.
권기석, 「15~17세기 族譜의 編制 방식과 성격: 序跋文의 내용 분석을 중심으로」『규장각』 30, 서울대학교 규장각한국학연구원, 2007.
권기석, 「조선시대 族譜의 入錄階層 확대와 한계: 凡例의 관련 규정을 중심으로」『조선시대사학보』 55, 조선시대사학회, 2010.

권기석, 「한국의 族譜 연구 현황과 과제」『한국학논집』 44, 계명대학교 한국학연구원, 2011.

權奇奭, 「『礪山宋氏十二世系』의 다원적 혈연의식과 사회관계망」『규장각』 48, 서울대학교 규장각한국학연구원, 2016.

이정란, 「족보의 자녀 수록방식을 통해서 본 여말선초 족보의 편찬 배경: 『安東權氏成化譜』·『文化柳氏嘉靖譜』를 중심으로」『한국중세사연구』 25, 한국중세사학회, 2008.

전경목, 「古文書를 통해 본 族譜 編刊 과정상의 紛爭」『한국학논집』 44, 계명대학교 한국학연구원, 2011.

張賢姬, 「고문서를 통해 본 조선후기 경기지역 양반가문 연구 – 용인 해주오씨 추탄공파를 중심으로」, 한양대학교 박사학위논문, 2013.

{ Abstract }

Aspects reflecting the ways of tracing ancestors in Joseon period, focusing on the Haeju Oh Family pedigree

Kim Hyun-young
Naksan Old Literatures Research Lab

This essay researches the process of compiling pedigree and genealogical tables of Haeju Oh family and survey the aspects reflecting the ways of tracing ancestors.

Until the early Joseon period, genealogical tables of Haeju Oh family are not made and carried to descendants. Jokdo, the first records of Haeju Oh family is the pedigree tracing the ancestors of Oh Seung who was the official in Goryo kingdom. Tracing the ancestors in Jokdo is starting from Oh Seung, who had four sons, and afterwards Haeju Oh family has been flourished. Jokdo records the ancestors not only the Haeju Oh family but the ancestors of maternal line who had the eminent official position. It reflects the styles of suceeding bilateral side in Goryo and former Joseon period. Jokdo has been rediscovered by Oh Hee-moon in the end of 16th century. Jokdo and Gapsulbo, the first genealogical table of Haeju Oh family in the year 1634, reflect and keep the style and pattern of bilateral kindred society and Gapsulbo has added the supplement for lineages that can not tied to ancestor. Musulbo, the genealogical table of Haeju Oh family in the year 1714, which has been compiled by Oh Jinju, has mainly recorded the paternal side ancestors and the way of compiling genealogical table has been changed in the 17th century generally.

I can find out the changes of genealogical table reflecting the style and pattern of suceeding the ancestor in Joseon period as below. Firstly, from the latter of 17th century, genealogical table recording bilateral side changes to paternal side. Secondly, prestigius family like Haeju Oh, makes the genealogical table for the first time at the early 17th century, and it has many omissions of ancestors and mistakes. Thirdly, Gasulbo the first genealogical table of Haeju Oh family has been compiled by Oh Sook, who was the goverer of Haeju his home country, accept the suggestion of Oh Yun-gyum, and it remained the bilateral side recording style. He has collected records from his relatives in his home country and those were supplemented to the table, because those were not tied to his ancestor.

{ **Keywords** } Jokdo(pedigree of Haeju Oh family), a genealogical table, genealogical table of Haeju Oh family, Saemirok(records of refuges from war), bilaternal kindred, paternal kindred, Oh Hee-moon, Oh Yun-gyum, Oh Sook

최초의 족보 해주오씨족도(族圖)

인쇄일　2025년 10월 10일
발행일　2025년 10월 10일

편저자　오 영 택
발행인　김 화 인
펴낸곳　도서출판 조은
편집인　김진순
　주소　서울 중구 을지로20길12 405호(인현동1가, 대성빌딩)
　전화　(02)2273-2408
　팩스　(02)2272-1391
출판등록　1995년 7월 5일 등록번호 제2-1999호
　ISBN　979-11-94562-16-0
　정가　20,000원

♠ 잘못된 책은 바꾸어 드리겠습니다
♠ 이 책의 내용은 신저작권법에 의하여 국제적으로 보호받고 있습니다.
♠ 전재 및 복재를 할 수 없습니다.